Les amants maudits
de la République

Collection dirigée par
Alain Morel

ISBN : 2-7569-0000-1

CHRISTINE DEVIERS-JONCOUR

Les amants maudits de la République

PHAROS
JACQUES-MARIE LAFFONT EDITEUR

Journal intime

« Après avoir étudié la situation des femmes dans tous les temps et dans tous les pays, je suis arrivé à la conclusion qu'au lieu de leur dire : bonjour, on devrait leur dire : pardon. »

ALFRED DE VIGNY

Ce n'est pas de l'homme politique Roland Dumas que je veux parler. D'autres, un jour, s'en chargeront mieux que moi. Je ne parlerai pas non plus de l'avocat, ténor du barreau, même s'il m'a raconté mille histoires passionnantes. Celui que j'ai décrit dans ce journal, c'est l'homme tout court, au sens propre et parfois sale du terme, l'homme inconnu des médias et même de nombre de ses proches, l'homme qui, avec la confiance qu'accordent conjointement le temps et l'intimité, finit peu à peu par lever le voile et quitter sa cuirasse. Malgré son goût du secret, ses mystères, ses contradictions, une réputation sulfureuse accrochée à son image, j'ai eu le bonheur de découvrir en lui une vraie tendresse enfouie et souvent refoulée, des pudeurs séduisantes et parfois même un peu d'humanité. Quelquefois une vraie belle lumière. C'est elle qui m'a séduite et attachée. Elle que je garderai en mémoire.

Année 1987

Février - Paris - Je suis tout à fait son genre

Il fait gris à Saint Germain des Près, j'ai rendez-vous à dix-sept heures avec Roland Dumas au café des Deux Magots. Anne-Marie, son épouse, croisée il y a un mois en compagnie de la famille Dayan, une proche de Mitterrand, en est l'instigatrice. Son époux se prépare pour les législatives de 1988 qui auront lieu dans quelques mois. Il a choisi de se présenter dans le Périgord, là où je suis née, là où j'ai grandi. Et contre qui? Mon premier mari Jean-Jacques de Peretti!
Je suis arrivée la première, j'ai pris soin d'occuper une place stratégique pour le voir apparaître de loin. Il est entré, et, d'un coup d'œil circulaire, a balayé la salle. Sans me connaître, il s'est dirigé droit sur ma table.

La description faite par son épouse devait être fidèle. L'impression fugitive d'être tout à fait son genre!
Tout mon entourage a insisté pour que je le rencontre. Attend-t-il de moi que je lui donne des munitions contre son adversaire? Si c'est le cas, il restera sur sa faim, même si Jean-Jacques mérite une vraie leçon. Dire qu'il n'a pas été pour notre fils le père idéal relève d'un euphémisme.
C'est ce que je déclare d'emblée à Roland en lui serrant la main.
Impassible, ses yeux plantés dans les miens, il m'a écoutée. Il sait que ma famille a le cœur à gauche, il a besoin de notre aide pour l'aider dans sa campagne électorale, sur le terrain. Je lui ai promis d'en parler à mes parents. J'ai abrégé la rencontre en enfilant mes gants. Dehors, une pluie froide et fine m'a permis d'écourter la poignée de main. Une voiture l'attendait en double file. Avant de s'y engouffrer, il m'a lancé: « Nous nous reverrons très vite. Soyez-en sûre! »

Février - Paris - Je ne le sens pas...

Deux semaines ont passé depuis notre première rencontre, il m'a téléphoné pour m'inviter à dîner. J'ai refusé.
J'ai eu ma mère au téléphone, Roland Dumas l'a appelée. Mes parents ont accepté spontanément. Bien que séparés et souvent d'avis opposés.

Ma mère a décidé de s'investir auprès de Roland Dumas. Il lui a même proposé de s'occuper de l'une de ses permanences dans la circonscription.

Pâques - Périgord - Après tout

J'ai pris des vacances avec mes deux fils. À mon retour, il s'est manifesté à nouveau. Pour un déjeuner amical. J'ai accepté.

Avril - Paris - Bouche bée

Douce journée de printemps...
Nous nous sommes retrouvés à la terrasse d'un restaurant sur les berges de la Seine, il a entrepris de se raconter. Il est intarissable, passionnant. Son numéro de séduction est bien rodé et de haut vol. Bouche bée, j'écoute. Le temps a filé.

Mai - Paris

Un second rendez-vous, puis un troisième...
Je me surprends à les attendre, presque à les espérer. Je vais à la découverte de cet homme, je présume que la partie immergée est immense.

Juin - Paris - Un cocktail explosif!

Des amis communs m'ont mise en garde contre le personnage. On me le décrit comme un «grand pervers». On le dit consommateur de femmes, dissolu et manipulateur. La prudence, me dit-on, est de mise si je ne veux pas finir comme nombre d'autres, déstabilisées et dépressives.
Toutes les rumeurs à son encontre auxquelles je deviens attentive, ne sont guère encourageantes. Roland serait une sorte de cocktail explosif de Don Juan, Casanova et Sade. De quoi effrayer les plus intrépides. Une raison supplémentaire pour fuir ses approches.
Premiers mois d'une cour assidue, je ne cède pas de terrain, je refuse systématiquement tout dîner ou invitation nocturne.
L'autre jour, il a tenté un premier baiser, j'ai reculé. Son visage était près du mien, j'ai fait volte-face et j'ai grimpé prestement dans ma voiture. Dépité et furieux, il a claqué ma portière et donné un sérieux coup-de-poing sur la carrosserie en s'écriant :
- «Allez, allez, courez vite retrouver votre petit-bourgeois de mari ! ...»

Août - Dordogne - Visite diplomatique

Je suis auprès de ma mère dans la maison familiale de Dordogne. Ce matin, Jean-Jacques de Peretti a eu

l'aimable attention de venir embrasser son fils. Roland Dumas m'a téléphoné pendant qu'il était là pour annoncer son arrivée. Il demandait le chemin à suivre. Il est venu me débusquer au milieu de mes bois, dans une petite voiture de location, par quarante degrés à l'ombre.
Au village, dans une ferme voisine, aujourd'hui, on célébrait un mariage. Les gens abasourdis ont vu passer chez nous les deux candidats opposés, à quelques heures d'intervalle!
Roland a fait connaissance avec ma mère, puis avec mon père dans un village voisin. Ensuite, il est parti aussi sec. Visite diplomatique ?

Septembre - Paris - Un je-ne-sais-quoi dans le sourire...

Ses invitations à déjeuner se multiplient. Je les honore, il est très charmeur, si cultivé. Il devient plus pressant. « Jamais femme ne m'a tant fait attendre », m'a-t-il murmuré hier dans un soupir qui se voulait aussi flatteur que prometteur. Je résiste sans trop de mal. Je tiens bon en refusant toute sortie nocturne mais je sens qu'il s'impatiente. Vingt-cinq années nous séparent. Je le trouve trop âgé. Il a un je-ne-sais-quoi dans le sourire, la couleur des yeux, l'implantation des cheveux, la carrure qui me rappelle mon père et me dérange. Et puis, la réputation de coureur de jupons qui le précède me renvoie aux infidélités paternelles qui ont pourri mon enfance et gâché la vie de ma mère. Il représente tout ce que je déteste, l'homme à femmes, l'homme de pouvoir, d'argent, le politique…

Septembre - Paris - Le grand air de Don Juan

Don Juan s'accroche, mais il a beaucoup de handicaps dont celui d'arborer clairement la panoplie un rien caricaturale d'un Don Juan de roman… Je le lui ai avoué franchement. Mais l'affrontement doit l'exciter davantage. Pour la première fois de sa vie, semble-t-il, il remet son pouvoir de séduction en jeu et doute de lui. Il abat une à une ses cartes pour m'attacher et me séduire, lève peu à peu le voile sur l'homme caché, plus intime. Il me montre des facettes de lui que peu de gens connaissent, pour me rassurer et m'émouvoir. C'est vrai qu'elles finissent par occulter l'image du politique, de l'avocat, ou de l'homme de pouvoir. Il suit toutes sortes de méandres, pousse des portes secrètes, des tiroirs cachés.
Il a compris une chose, c'est que c'est l'homme de l'art, l'esthète, le musicien qui me gagnera.
Il a de sérieux arguments...

Novembre - Paris - Opéra Comique - Le ténor du barreau

Roland m'a appelée pour me demander de l'accompagner à l'Opéra Comique pour la dernière représentation du Triptyque de Puccini, je n'ai pas hésité une seconde. Magie de la musique, je viens de découvrir le chanteur ténor qu'il aurait dû devenir. J'ai baissé la garde.
Il me fait vaciller. J'ai la sensation qu'aujourd'hui c'est toute ma vie qui bascule. Dans quoi ? Je ne veux pas mettre mes pas dans ceux de cet homme...
Je me suis empressée d'aller acheter l'album pour une première écoute, je me rends compte que je suis très peu initiée à la musique lyrique, j'ai de sérieuses lacunes.
Le rideau est tombé, longtemps les dernières notes ont résonné dans ma tête. Je l'ai suivi au foyer des artistes, il saluait et félicitait les chanteurs. Il les connaît tous.
Assise dans un coin je l'ai observé. Il avait l'air si heureux, épanoui, il est très à l'aise auprès d'eux.
Une vieille dame rousse est venue en claudiquant s'asseoir à côté de moi et m'a demandé d'une façon un peu brutale si je le connaissais depuis longtemps.
Elle a marmonné : « C'est très rare de rencontrer Roland Dumas dans ces endroits, accompagné. Il a coutume d'y venir seul... »
Interloquée, je n'ai pas répondu.
Elle a ajouté : « Savez-vous qu'il est ici dans sa vraie famille ? Vous le connaissez bien ? »

J'ai balbutié que j'avais beaucoup entendu parler de l'avocat, de l'ami de François Mitterrand, de l'homme politique…

- « Et bien, a poursuivi la vieille dame, il y a aussi l'amoureux de la musique, un vrai connaisseur, et ténor lui-même ! C'est dans ces lieux qu'il est le plus heureux. »

Elle m'a appris qu'étant jeune il avait suivi des cours de chant. Il aurait pu devenir, selon elle, l'un des plus grands ténors de son siècle s'il n'avait décidé d'orienter sa carrière différemment pour des raisons familiales.

- « À la mort de son père, tué par les Allemands, il est devenu le chef de famille et a choisi le barreau, par sécurité sans doute. »

Elle dit aussi qu'il a vécu de longues années auprès d'une célèbre cantatrice, Maria Murano, dont il était très épris.

En sortant du théâtre, je me suis étonnée de cette nouvelle corde à son arc, il m'a soufflé à l'oreille : « J'ai choisi d'être ténor… mais au barreau ! Je suis devenu l'avocat des plus grands, Domingo, Carreras, Freni. Aujourd'hui, ils chantent pour moi ! »

- « Et vous, pour moi, chanteriez-vous Roland ? Il n'a pas répondu. »

Novembre - Rue de Bièvre - Pas de conclusion hâtive

C'est la toute première fois qu'il m'invite dans son hôtel particulier de la rue de Bièvre (autrefois celui de la Brinvilliers, l'empoisonneuse célèbre), pour un dernier café. Je me suis frotté les yeux, je croyais rêver. Son appartement est un coffre-fort de merveilles, peintures, sculptures, de grande valeur. Chaque pan de mur, souvent coulissant sur trois panneaux - ce qui permet, comble du raffinement, de changer le «décor»- est recouvert d'œuvres des plus grands maîtres, pièces uniques. Dans des vitrines, sur des socles, dos au mur, entassées par manque de place... Pas un millimètre carré de surface inexploitée... Un enchantement pour un amateur.
Chaque œuvre, chaque pièce a une histoire. Il a été l'ami, le conseiller et l'avocat de bon nombre d'artistes, parmi les plus grands. Une magnifique collection qu'il a bâtie au fil des années.

Il m'a entraînée dans sa chambre. Huit mois que je lui résiste. Il était visiblement temps pour lui de conclure. Il m'a appâtée sous le prétexte de me faire admirer une immense toile qui trône au-dessus de son lit, un Picasso de l'époque bleue. Je suis restée figée sur le seuil.
- «Entrez, ne craignez rien. Je ne vais pas vous manger!»
Il s'est assis sur le bord de son lit et m'a fait signe de prendre place près de lui, en tapotant le matelas.

Il commentait l'œuvre. J'ai voulu me lever mais il a pris entre deux doigts le bout d'un de mes seins à travers mon corsage, l'a pincé et serré.

- « Tu vois, je te tiens, là… tout entière… »

J'ai esquivé un recul.

Son ton s'est transformé, agacé, presque brutal, il continuait à parler :

- « Un jour, je me promenais dans Paris, à pied. Je passe devant une galerie et aperçois une peinture intéressante. Je pousse la porte et entre. Le prix en était exorbitant. Dans les jours qui ont suivi, l'image de cette toile a ressurgi dans ma mémoire. Je la voyais nettement. J'y pensais sans cesse. Je me disais que je finirais bien par l'oublier. Impossible. Cette œuvre m'obsédait. Alors j'ai compris qu'il fallait que je la possède. Je suis retourné à la galerie… »

D'un coup je me suis levée. « Dommage, mais ce soir la galerie est fermée, monsieur. »

Et je me suis ruée dans l'ascenseur.

Pas la moindre envie de figurer dans cette collection privée, accrochée à un clou, sur de froides cimaises.

Décembre - Paris - Il insiste

Roland Dumas n'en finit pas de se dévoiler. Il me répète qu'il me faudra des années et des années pour le cerner et en faire le tour… Je sais que c'est vrai. Chaque jour, il lève un peu le voile, il quitte sa cuirasse. Quelquefois je distingue une vraie belle lumière qui me séduit et m'attache.

La Rouquine, croisée lors de la fameuse soirée à l'Opéra Comique l'autre soir, fait partie de son proche entourage. En dehors de ressembler à un véritable personnage de roman, elle est tenancière d'une maison de rendez-vous dans Paris. Dans un temps reculé, Roland a été son avocat, elle a connu des déboires judiciaires. Tombée pour proxénétisme, il l'a sortie de ce mauvais pas, et, depuis, elle lui voue une reconnaissance éternelle. Passionnée d'opéra comme lui, elle ne jure que par ses ténors, Domingo, Carreras, et bien sûr Dumas... Le ténor du barreau. Elle m'a raconté, avec une verve et une gouaille inimitables, la séance dans le bureau du magistrat instructeur de l'époque. Comme elle pleurait misère, l'homme de loi s'est étonné qu'elle ait les moyens de s'offrir un avocat aussi onéreux que Roland Dumas.
- « Est-ce que je vous dis, moi, m'sieur le juge, comment je lui paie mes émoluments ? »
Elle hurlait de rire en se remémorant ces souvenirs, n'omettant pas de décrire l'avocat Dumas, qui, mal à l'aise, se liquéfiait sur sa chaise. Qu'est-ce qui peut les lier à ce point ? Des souvenirs ? L'amour commun pour la musique ? Elle veille apparemment jalousement sur la vie privée de ses chanteurs et de Roland Dumas, son grand homme. Il paraît que lorsqu'un nouveau jupon tourne autour de l'un d'eux, elle s'empresse

d'accaparer la nouvelle conquête et de se l'attacher en multipliant cadeaux, invitations aux concerts, voyages et coups de fil quotidiens. Je suis actuellement dans sa ligne de mire.
C'est le garde du corps du ministre, une de ses vieilles connaissances, que Roland a engagé sur son insistance et ses chaleureuses recommandations, qui lui a appris mon existence. Elle est ainsi informée au quotidien des faits et gestes de son maître à penser, son mentor, son idole.
- « Pour lui, m'a-t-elle murmuré dans le creux de l'oreille, je n'hésiterais pas à sacrifier ma vie. »

Au fur et à mesure que je découvre Roland, je me laisse séduire par son charisme et son charme. Et du charme, il en a à revendre…
Il sait se montrer tendre et romantique. Il sait aimer. Il sait trouver les phrases, les mots qui rendent une femme plus belle, plus désirable, et lui donner confiance. Il sait parler d'amour à l'oreille, et si bien de la volupté, « de la sensualité que l'on prend et que l'on donne du bout des doigts, à fleur de peau »...

Année 1988

Janvier - Paris

J'ai cédé.
- « Neuf mois, le temps d'une gestation... Rendez-vous compte combien vous m'avez torturé ! », m'a-t-il dit en évoquant un véritable parcours du combattant.
- « J'aimerais maintenant que vous vous occupiez de moi ! » Je lui ai demandé pourquoi. Il a ri :
- « Pour la République et pour la France ! » m'a-t-il répondu avec un sourire malicieux.

Février - Dordogne - Brillantissime

Dans ma Dordogne, où il bat la campagne pour les législatives contre mon premier mari Jean-Jacques de Peretti, je découvre l'orateur, brillantissime. J'imagine sans mal l'avocat que je n'ai pas eu la chance de connaître, plaidant à grands effets de manches dans les prétoires. Mais je découvre aussi un homme simple qui éprouve un vrai bonheur à marcher dans nos bois, à évoluer dans un milieu rural avec ma famille, simples agriculteurs. Il semble tout aussi à l'aise, là, à bavarder et écouter les problèmes des gens du cru, qu'aux côtés de ses homologues ou chefs d'États. Tout cela me rassure. Un tel homme ne peut pas être si mauvais qu'on le dit. La réputation sulfureuse qui l'accompagne ne colle pas avec le personnage qui se dévoile ici au fil des jours.

« Dans cette épaisse carapace que je me suis forgée pour me protéger, il y a des failles et tu n'es pas loin de mettre le doigt dessus », me dit-il...

Je le pilote dans la campagne périgourdine pour ses réunions électorales.

Ce soir, nous rentrons particulièrement tard. Ma mère s'est visiblement inquiétée. Toute émue sur le seuil de la porte elle nous demande :

« Mais qu'est-ce que vous faisiez mes... petits ? »

Devant ce bain de jouvence insolite, je sens Roland tout émoustillé.

Original, provocateur, il ne manque pas une occasion de se démarquer, mais toujours avec élégance et humour. Je m'attends à chaque instant à ce qu'il me dévoile sa vraie nature, ces déviances partout annoncées, ou d'autres fantaisies qu'il aurait dû m'inviter à partager. Mais il se contente de me parler de Bataille, de citer Sade, ou d'évoquer, lors de nos soirées devant la cheminée, la sensualité du feu de Bachelard comme une étincelle née de deux corps qui se joignent. Ses fantasmes ne dépassent pas les frontières des mots, ni ses gestes celles de la morale.

Février - Copenhague

Roland, c'est un peu Cadet Rousselle. Il a plusieurs vies, plusieurs femmes, plusieurs activités professionnelles, plusieurs maisons, plusieurs pôles d'intérêts et passions, plusieurs mondes dans lesquels il se glisse tel un caméléon, en fermant les écoutilles. Des mondes aux antipodes les uns des autres, sans aucune connexion possible, sans aucun lien.
Je l'accompagne à Copenhague, quelques heures à passer ensemble, cet homme est insaisissable. Après un petit détour par l'ambassade, nous avons filé dans les environs de la ville assister au vernissage d'une exposition. Une centaine de personnes se trouvait là, venue de tous horizons. Un dîner de retrouvailles avait été organisé en son honneur. Tous, en majorité

des Suédois ou des Danois, l'ont connu autrefois et évoquent des anecdotes anciennes. Une vieille dame, encore très belle, venue spécialement de Stockholm pour le revoir, a levé son verre. Le regard ému qu'elle portait sur lui en disait long. Visiblement, elle n'a rien oublié.
Il est acclamé, honoré. Je me demande combien de vies il a eu jusqu'à moi.
Il brille…

Mars - Paris - Harpagon pointe à l'horizon

Je suis sous le charme, séduite. Pourtant je me rends compte qu'il existe des failles. Roland me paraît avoir un rapport à l'argent redoutable pour ne pas dire pathologique !
Dès qu'il est en présence de cette femme, la Rouquine, jamais je ne le vois mettre la main à son porte-monnaie. Elle assume tout. Au restaurant, par exemple, il n'a jamais le désagrément de voir arriver l'addition sur la table. Elle a tout réglé dans la plus grande discrétion. Je réalise combien est justifiée la rumeur de son avarice, combien ce n'est pas une calomnie, il aime l'argent et posséder. Je vais devoir être autonome, libre et indépendante, si je ne veux pas le perdre et ne pas souffrir.

Avril - Paris - La dame du claque

Hier, j'étais à son domicile de l'Île Saint-Louis, j'ai été étonnée devant une dizaine de costumes flambants neufs, suspendus à des cintres bariolés, qui portaient chacun une cravate assortie et griffée Pierre Cardin. Roland est certes très attentif à son parfum qu'il choisit semble-t-il avec soin. Celui qu'il porte lui sied magnifiquement: « Or Noir » (*Prémonitoire!*). Mais il a plutôt tendance à négliger sa mise. Correcte, sans plus, et pas toujours de la meilleure facture. Je viens de comprendre pourquoi. Je dois dire que je suis surprise.

« Sa vieille pute », c'est ainsi qu'il nomme affectueusement la dame du claque quand il y fait référence, vient de lui faire livrer cette garde-robe et elle a l'habitude de la lui fournir deux fois par an. Elle a, un jour, pris ses mesures et s'occupe de cela. Et lui, comme un pacha, est ravi de cette offre de service. Je lui ai fait remarquer qu'il faudrait peut-être réactualiser les mensurations car la coupe laisse passablement à désirer. Il a eu l'air étonné.

- « Ah bon... ! On lui en fera mention ! »

10 mai - Paris - Génération Mitterrand

Le visage de Mitterrand s'est affiché sur l'écran de Tf1.

Mai - St Tropez - L'élu de mon cœur

Nous sommes chez des amis à St Tropez. Nous attendions, tout à l'heure, un peu tendus, la nouvelle composition du gouvernement. L'hôtesse qui nous reçoit est aussi la maîtresse d'un homme politique de renom. Nous avons appris, enthousiastes, que nos deux amants sont nommés ministres. Nous n'avons pas osé nous regarder devant nos époux respectifs. On a prétexté un besoin impératif de cigarettes et on a couru place des Lices pour féliciter d'une cabine téléphonique les deux élus de nos cœurs.

Mai - Paris - La grotte du pacha

Dans son appartement, son repaire de l'Île Saint-Louis - sa première acquisition immobilière en tant que jeune avocat, qui est devenu notre lieu de rendez-vous - quelques toiles majeures, mais plus discrètes, quelques sculptures, ornent les lieux. Il a décidé qu'il fallait réaménager cet appartement et le personnaliser davantage… En mon honneur. Il a autrefois abrité l'atelier de Camille Claudel. Une des six fenêtres donnant sur les quais a été transformée à l'époque en porte vitrée afin que puissent entrer les énormes blocs de marbre. Une vieille photo jaunie qu'il conserve jalousement représente l'artiste devant cette fenêtre. Par un étroit escalier en colimaçon, on descend dans un sous-sol flanqué de deux énormes salles voûtées superbes. Là, un sauna et un bassin piscine, pour sa détente. Pour une autre sorte de détente, il a, en quelques heures, fait livrer et installer un lit dans la deuxième salle vide, décorée d'une seule grille noire d'un très ancien portail de monastère. Aucune œuvre d'art, rien que du vide. Zen.

L'appartement ne bénéficie finalement d'aucun changement dans l'agencement du mobilier, si ce n'est que « pour me plaire » il a fait apporter des peintures, petits formats et papiers collés de Braque disposés harmonieusement sur un mur du salon.

- « C'est pour vous… Une surprise ! »

Tout d'abord, saisie, je n'ai pas compris. Et puis, je me rends à l'évidence : mon cadeau n'est que le plaisir de les contempler. Je le remercie chaleureusement. Dumas a cet art de manier avec subtilité le second degré et le flou artistique. Il faut simplement s'y habituer.

Juin - Paris - Un beau duo

J'ai la chance de participer aux voyages de Roland, nous ne manquons jamais d'aller écouter de la musique et nous retrouvons ses amis mélomanes, musiciens, chefs d'orchestre, directeurs de théâtres, et les magiciens : Placido Domingo, José Carreras, la magnifique Mirella Freni, Nicolas Ghiaurov. Il connaît chaque note de chaque œuvre et les livrets

par cœur. Le bel canto, bien sûr, mais aussi les opéras de Wagner, qui n'ont pas de secret pour lui. Il prend son temps pour m'apprendre à l'aimer. Je lui en suis reconnaissante. Nous parcourons des milliers de kilomètres pour ne pas manquer une première représentation, pour avoir le bonheur d'écouter chanter nos amis, finir la nuit en leur compagnie autour d'une bonne table et rentrer aux premières lueurs du jour, fatigués mais la tête pleine de notes de musique, de rires, de partages et d'émotions.
Les coulisses des théâtres du monde n'ont plus de secret pour moi. Je vis les répétitions, les angoisses dues au mal de gorge d'un ténor, au rhume d'une soprano, et, le souffle coupé, le cœur battant la chamade, je me cramponne à l'accoudoir de mon siège au moment de la note cruciale.

Lors d'un dîner après concert, Roland avait été mis au défi de chanter un jour le duo d'amour de la Bohème avec Mirella Freni. Téméraire, il l'a relevé. La diva est à Paris, il s'est prêté au jeu. C'était hier après-midi vers quinze heures. Tout a été rapidement organisé. Le directeur du théâtre de l'Opéra-Comique, amusé par l'aventure, a trouvé un pianiste qui a découvert, sur la scène, le ministre des Affaires étrangères en compagnie de la diva, devant un public privilégié de trois ou quatre intimes. Surréaliste !
Et il l'a chanté, son duo, il s'en est sorti magnifiquement, sous nos applaudissements.

Juin - Paris

Roland Dumas est venu dîner chez nous avec Loïc et Alfred. Mon mari l'a complimenté sur sa cravate, bleue, de la couleur de ses yeux. Lorsque je l'ai raccompagné, Roland a défait sa cravate et me l'a tendue en disant: « Offrez-la à votre époux, elle paraît tant lui plaire… »

Septembre - Scala de Milan

Nous avons assisté à l'ouverture de la Scala à Milan. Un vieil ami, ancien journaliste au chômage, pauvre bougre, dans des difficultés financières, que j'épaule du mieux que je peux, nous accompagnait. Il est fou d'opéra et Roland, gentiment, l'a convié. À l'entracte, je cherche à me procurer le programme. Notre ministre s'approche du vendeur, prend le livret, cherche de l'argent en tapotant ses poches. Comme à son habitude, pas le moindre petit billet. Alors, mon dévoué ami s'empresse de proposer son seul et unique billet de cent francs qu'il garde précieusement. Roland le saisit et le remercie. Mais il faut régler en monnaie italienne. Un Français dans l'assistance, qui a reconnu le ministre, vient à lui et propose d'échanger le billet contre l'équivalence en lires. Il accepte, achète le programme et me l'offre en empochant la monnaie qu'on vient de lui rendre. Mon vieux copain manque

de s'étrangler. Coup double : le ministre m'a galamment offert le programme et conservé la différence. Lui s'est ainsi trouvé démuni de son malheureux dernier petit pécule.
- « Grandiose, ton ministre ! », me glisse-t-il à l'oreille.

Octobre - Vienne - Un personnage haut en couleur

C'est ma deuxième rencontre avec la Rouquine. Je l'ai retrouvée dans un avion privé, j'étais avec Roland, en partance pour une première au Staatoper de Vienne où se produit Domingo. Elle était accompagnée de deux chiens teckel, ses enfants chéris, Verdi et Tosca. Tosca, paralysée du train arrière, a droit à une carriole de chez Vuitton, sanglée sur les reins, qui lui permet d'avancer avec l'aide de ses deux pattes avant. La Rouquine fulmine contre l'Angleterre qui lui impose une mise en quarantaine de ses petits compagnons. Elle a renoncé à fréquenter le théâtre de Covent Garden.
Ce personnage haut en couleur me séduit, je m'y attache, je ne sais pas pourquoi… Comme Roland, elle est imbattable sur tout le répertoire d'opéra, mais, elle, la musique ne l'intéresse pas. Seules les voix la touchent et particulièrement celles des ténors qui la font chavirer et l'émeuvent aux larmes.

Novembre - Paris - Tristan et Iseult nous accompagnent

L'Île Saint-Louis est devenue pour moi synonyme de bonheur, de nos plus belles heures. J'y cours pour nos retrouvailles, le cœur battant.
« Rendez-vous, ma belle, dans l'Île aux vaches, vers vingt et une heures… »
Ainsi dénommée parce qu'autrefois, elle servait de pâturages aux bestiaux qui détachaient leurs robes blanches marquées de noir ou de roux, sur de vertes prairies... Il arrive un peu trop souvent que je prenne racine pendant de longues heures d'attente, devant sa porte cochère quand son avion a du retard, grelottante, ramassée dans ma voiture. Je le maudis et me maudis moi-même d'être aussi persévérante, assidue et béatement amoureuse, angoissée à la simple idée qu'il m'ait oubliée, que je ne le verrai pas. Mais il vient toujours, s'excusant de n'être pas totalement maître de ses horaires et emploi du temps. Je suis bien obligée de l'admettre.
Nous faisons vite du feu dans la cheminée. Il met de la musique. Wagner souvent. Le duo d'amour de Tristan et Iseult nous accompagne.
C'est chez « Mamy confiture », ainsi qu'il aime appeler la patronne du restaurant du « Monde des Chimères » de la rue Saint-Louis en l'Île que nous nous réconfortons devant de bons petits plats mitonnés avec affection.

Décembre – Paris

Je n'en peux plus de rester des heures à attendre devant sa porte, à me peler de froid dans la voiture. Je lui ai suggéré de me donner un double de ses clefs. Il a accepté. Je peux ainsi désormais le précéder, allumer le feu et l'attendre confortablement chez lui. Hier soir, il est arrivé plus tôt que prévu et a sonné à la porte. Il paraissait heureux de me trouver là.

Toujours Décembre - Paris

Un voyage officiel nous a séparés pour plusieurs jours. Le manque de lui me taraudait. J'ai eu une envie folle de passer dans son appartement de l'Île Saint-Louis. Juste pour un petit moment, dans ses murs… J'imaginais pouvoir ainsi me sentir plus proche de lui, retrouver sa présence. Avec émotion, j'ai pris le précieux trousseau de clefs dans la poche intérieure de mon sac et j'ai filé. Je me disais que j'allais lui laisser un petit mot qu'il retrouverait à son retour… Je cherchais l'inspiration et les phrases en traversant Paris, le cœur battant. Arrivée devant la porte, j'ai pris la clef la plus grande, celle du verrou principal. Impossible de la faire pénétrer dans la serrure. J'ai tenté d'introduire les deux autres clés, sans plus de succès. Je dois me rendre à l'évidence. Monsieur Dumas a pris soin avant de s'absenter de

faire changer tout le système de verrouillage de sa porte d'entrée.
Jamais de ma vie on ne m'a fait une telle offense... !

Encore Décembre - Paris

Je lui ai rendu à son retour ses clefs périmées, sans rien dire, en souriant... Il les a mises dans sa poche sans sourciller en me remerciant.

Année 1989

Janvier - Paris - Pour le meilleur

Je suis engluée dans une vie conjugale qui bat de l'aile, mes moyens financiers sont précaires. L'autre jour, j'ai dit à Roland, naïve :
- « Un jour, Dumas, je vous construirai une cathédrale. Vous n'y viendrez qu'avec vos livres et votre musique. Vous serez nu. C'est ainsi que je vous veux. »
Il a ri en prenant mes mains. « Mais bien sûr, trésor... ! »
Il se moquait de moi.
Chaque moment passé à ses côtés ne connaît aucune ombre. La perfection. Moments riches d'histoire, de littérature, de poésie, d'anecdotes épatantes, il est intarissable. Picasso, Masson, Giacometti, Jean Genet, Bataille ou Lacan, et tant d'autres... Il me raconte...

J'espère qu'il laissera des traces écrites de cette précieuse mémoire.
Pour le meilleur.
C'est la devise de ce jouisseur.

Février - Dordogne - Arrêter le temps

Il vient de débarquer sans prévenir, sa grosse sacoche de dossiers à la main. Il s'est empressé d'enfiler son éternel survêtement et ses vieilles baskets. Devant un grand feu de cheminée, il travaille. Il est heureux et détendu, au milieu des miens, de mes fils qui passent, de ma mère, de mon père, des paysans d'alentour qui viennent bavarder avec lui.
J'aimerais arrêter le temps, couper les fils du téléphone quand il est là, mais le président Mitterrand, Giscard d'Estaing ou d'autres ténors politiques viennent sans cesse le distraire et me voler ce temps si rare et précieux en sa compagnie.
- « Garde bien cette maison. Ce sont tes racines. Tu as cette chance. Reviens-y souvent. C'est dans la petite maison d'en bas, qu'un jour je m'installerai. Je te regarderai arroser les fleurs. Ce sera ma dernière vision, je partirai avec cette image. »
C'est ici, dans mon pays, qu'il retrouve un peu de ses racines limousines perdues. Nos deux berceaux ne sont pas si éloignés. À peine cent kilomètres de Limoges au Périgord. Lui n'a rien conservé de ses attaches

familiales. Tout a été vendu. Il a une sœur qui vit à Paris. Seul demeure le caveau familial qu'il ne manque pas de visiter et de fleurir plusieurs fois par an. Ses racines depuis des décennies ont été transplantées en Bordelais, berceau de sa belle-famille, au milieu des vignes et des Chartons. Peut-être a-t-il voulu se donner les « lettres de noblesse » qu'il n'avait pas.

Il est issu d'une famille modeste en Limousin. Il m'a raconté : « Dans mon lycée de Limoges, quand j'étais petit garçon, j'ai vu arriver un élève vêtu des premiers knickers. Des pantalons de mode anglaise attachés sous le genou. Le fin du fin, le nec plus ultra, à l'époque. Le garçon était issu d'une riche famille de porcelainiers. J'ai pensé alors, qu'un jour, moi aussi je pourrais porter de tels vêtements… que je m'en donnerais les moyens ! »

Il est heureux chez nous, il vit simplement et sans aucune contrainte. J'aime tellement sa présence. Dans la petite maison d'en bas, attenante à la nôtre, que nous avons aménagée pour lui, il s'installe. Sur une grande table de ferme, il étale ses dossiers et travaille des journées entières. Je le vois peu mais je le sais là. C'est l'hiver, je joue la vestale. Au prétexte de porter des bûches pour alimenter le feu dans la cheminée, je pousse la porte et le distrais un moment de ses dossiers pour lui voler furtivement un baiser. Puis je disparais sur la pointe des pieds.

- « Je ne sais pourquoi mais depuis que je te connais, m'a-t-il dit l'autre jour, un brin mélancolique, je ne cesse de me remémorer mon enfance. Je retrouve dans ce pays et particulièrement dans ton village, les mêmes parfums, couleurs et images, avec une rare précision. Je me dédouble. Mon passé ressurgit. »

Mars - Irlande - Demain est un autre jour

Imprévisible et original, l'homme que j'aime ne manque jamais d'imagination et d'arguments pour me surprendre, m'étonner et me séduire. Hier, il m'a fait apporter un billet d'avion à mon domicile. Parti depuis plusieurs jours en Irlande pour une réunion européenne, il m'invitait à le rejoindre pour quelques heures. À l'arrivée, un chauffeur m'attendait et m'a conduite vers la voiture. Je lui ai demandé où nous allions, il s'est contenté de sourire et n'a pas répondu. Pendant près d'une heure nous avons roulé à travers la campagne et les hautes et vertes falaises surplombant la mer, au milieu des troupeaux de moutons. La route s'est rétrécie pour n'être plus qu'un sentier de poussière blanche. J'étais inquiète, j'ai questionné mon chauffeur sourd-muet. « Est-ce encore loin ? ». Je commençais à me demander dans quelle galère je m'étais fourrée. Pourquoi ne me répond-il pas ? Où m'emmène-t-il ? A-t-il au moins entendu parler d'un ministre répondant au nom de Roland Dumas ? Dans le rétroviseur, il me lance un coup d'œil en souriant et finit par marmonner un « Don't worry… », peu rassurant.

Un chemin bordé de murets en pierres sèches. Comme une voûte, les branches d'arbres centenaires et des rhododendrons croulant sous les grappes de fleurs mauves s'entremêlent et obscurcissent une futaie comme un interminable tunnel. Une ligne droite, de plus en plus resserrée, sombre et touffue. Soudain, au fond, une lueur, une clarté qui, au fur et à mesure que nous avançons, s'agrandit pour envelopper un vaste château fort de légende. Au pied du majestueux escalier, un homme vêtu de noir attend et se précipite au-devant de la voiture pour ouvrir la portière, avec courtoisie et compliments de bienvenue. Il prend mon bagage et m'invite à le suivre. Une odeur particulière règne dans cette maison : un mélange subtil de citronnelle, de lavande, de cire et de vieux bois. Les lames disjointes des parquets grincent sous nos pas. Je le suis le long d'interminables couloirs et corridors. Tout en marchant, il m'explique qu'il est l'héritier de ce château et que pour entretenir une telle demeure il lui faut ouvrir des chambres d'hôtes. Roland et moi sommes les seuls invités. Lui et sa châtelaine d'épouse feront leur possible pour que notre séjour soit agréable. Arrivés devant une porte à double battant, il s'arrête. Il frappe discrètement et pousse la porte en murmurant avec obséquiosité : « Votre invitée est arrivée, monsieur le ministre. » Puis il s'efface sur la pointe des pieds.

Assis devant un petit bureau, Roland travaille. À travers la fenêtre, la campagne irlandaise et les pelouses taillées aux ciseaux s'ordonnent dans une

parfaite harmonie. Il se lève et vient à ma rencontre :
- « Comment s'est passé votre voyage ? … Si tu savais combien tu m'as manqué… »
Il m'a étouffée dans ses bras. Nous avons dîné dans l'imposante salle à manger, sur une table trop longue. Le châtelain, cérémonieux, à la mine compassée, fait office de maître d'hôtel. Les austères armures qui ponctuent les quatre coins étincellent à la lueur des chandelles. Roland et moi, silencieux, évitons de croiser nos regards pour ne pas laisser prise au fou rire. Demain est un autre jour.

Juin - Bordelais - Je ne suis pas à ma place

La maison familiale dans le Bordelais regorge, elle aussi, de trésors inouïs. Il m'y a invitée ce week-end... À l'aéroport, il est venu me chercher. Vêtu d'un pantalon vert kaki de velours, d'un large pull distendu à col roulé, de boots de cuir fauve, il m'attendait, souriant, ravi de m'accueillir. Il a fourré mon sac dans le coffre rempli de quantité de pots de peinture et autres gravats d'une vieille guimbarde, sans âge, crottée, cabossée, sans couleur tant elle est poussiéreuse. C'est là tout le charme de cet homme que de passer ainsi des commodités des limousines officielles à une simple charrette avec un naturel désarmant et un plaisir évident. Au cours du trajet, je me suis inquiétée des rencontres familiales que nous ne manquerions pas de faire dans cette maison.

- « Pas d'inquiétude. Nous serons seuls. J'ai demandé à mon épouse de nous laisser tranquilles pour quelques jours. Elle sait que vous êtes mon invitée. »
La réponse est si brutale qu'elle me colle au fond de mon siège. Quelle sorte de couple évoque-t-il là ? Une maîtresse en titre à Paris, rue de Bièvre, depuis plus de vingt ans… L'épouse poussée au dehors de la maison familiale, pour me laisser la place…
Il me rassure :
- « Nous sommes très libres, vous savez… »
Il faudrait demander l'avis de l'épouse en question.

Au premier étage de cette magnifique demeure, isolée en pleine campagne, ancien haras, restaurée avec goût, rien n'a été négligé pour un confort maximum : sauna, piscine et jacuzzi dans une pièce vitrée attenante donnant sur un verger. Au premier étage se distribuent ses appartements privés. Une de leurs immenses pièces est entièrement remplie, du sol au plafond, de rayonnages. Des dossiers à perte de vue, à la tranche de toiles blanches, marqués de dates. Ses archives d'avocats. Des tonnes, des heures incalculables de travail pour de célèbres procès. Plus loin, une vaste salle flanquée d'une longue et étroite table de moines, lui sert de bureau. Il me montre des photos.
De lui, enfant, ou étudiant, avec son frère et sa sœur, ses parents.
Au fond, sa chambre, une pièce spacieuse où trône un lit au ras du sol. Le buste d'Annette de Giacometti,

posé sur un socle, le veille. Et puis, de précieux tapis, amoncelés les uns sur les autres, se chevauchant, masquent le parquet.
- « J'adore cette souplesse et cette épaisseur sous mes pas quand je marche… »
Dans sa bibliothèque, au rez-de-chaussée, je pourrais passer des heures. Des milliers de livres, souvent très rares et précieux, tapissent les murs sur quatre côtés. Un billard français au beau milieu. Je prends plaisir à l'aider à vider d'innombrables caisses, à grimper sur les escabeaux pour les ranger et les classer dans un ordre très précis, sous son regard vigilant.
- « Quand je rentre ici, en un clin d'œil, je sais, dans l'instant, si un livre a été déplacé, ou touché… »
Un immense salon s'ouvre sur les jardins et le verger. Le plafond s'élève jusqu'au faîte du toit, un volume ample qu'emplit la musique.
Contre le mur blanc entre les deux portes-fenêtres, s'impose par son élégante et forte présence, une figure étirée comme une ombre : « L'Homme qui marche » de Giacometti.
Deux jours et trois nuits dans cette demeure où l'harmonie est totale, pas une once de lassitude.
Je l'observe occuper son temps et son espace pour mieux l'imaginer dans ce cadre quand je serai loin de lui.
Pourtant, il y a comme une ombre au tableau : je ne suis pas à ma place. Je viole l'intimité de sa demeure familiale, sa vraie vie. Je n'y reviendrai plus.

Juillet - Paris - Elf

Je rentre chez Elf! Alfred Sirven et Loïc Le Floch-Prigent me demandent d'assurer les Relations Publiques entre Elf Aquitaine et le ministère des Affaires étrangères. Je gagne ma liberté, un travail, de l'argent. Je peux enfin réunir mes deux fils, qui sont séparés, sous un même toit.
Je ne suis pas dupe, ils veulent m'utiliser, car, grâce à moi, les Portes du Quai vont s'ouvrir. Tout le monde sait qu'une «grosse pétrolière» ne peut pas fonctionner sans le concours du ministère des Affaires étrangères.

Août - Dordogne - Il est fou

Il aime à ce point ma Dordogne et la maison familiale des Deviers, qu'il a accepté de donner une interview à l'hebdomadaire VSD, chez nous. Sur une page entière, des photos du ministre et une légende: «Roland Dumas en vacances dans sa propriété du Périgord, non loin de Sarlat… » Tout le monde s'est empressé de téléphoner à ma mère pour lui demander si c'était vrai qu'elle avait vendu sa maison à Roland Dumas. Fureur de la famille!!! «Laissez-les dire… on s'en fout!» claironne Roland, ravi et amusé. Pour l'électorat du coin, mon député préféré a enfin une adresse fixe qui justifie son parachutage électoral dans une

circonscription où il n'a aucune attache. Il envisage d'inviter le président Mitterrand à nous rejoindre pour un déjeuner cet été. Il a mesuré l'espace de notre prairie pour accueillir l'hélicoptère présidentiel. Je n'y crois pas. J'ai souvent croisé François Mitterrand avant de connaître Roland, et il a disparu de mon horizon. Roland cloisonne avec soin. On me dit qu'il craint la rivalité ; ils ont pour habitude de chasser sur les mêmes terres et ont des goûts communs pour les femmes. On dit aussi que son ami Mitterrand, prenant le parti de l'épouse, n'a pas apprécié ses nombreux ménages dissolus et délibérément affichés. C'est l'hôpital qui se moque de… Enfin, c'est drôle, quoi.
C'est l'été, il se lève très tôt le matin, par n'importe quel temps, pour plonger dans la piscine dans le plus simple appareil au grand dam de ma mère qui craint que les femmes du village n'aperçoivent le nudiste.
- « Il est fou ! Allons, tout de même, mais que va-t-on dire dans le pays ! »
Il s'amuse, désinvolte.

Septembre - New York - Roland le Magnifique

Il me séduit et tourne sans arrêt de beaux compliments. J'aime y croire. J'ai remarqué, lorsqu'il monte sur une tribune avant d'attaquer un discours, qu'il scrute toujours l'assemblée. Lorsqu'il m'a enfin repérée, qu'il a capté mon regard, alors il s'empare du

micro et souvent improvise, avec brio.
Travaux de l'ONU à New York, ce soir, il y avait le dîner de la francophonie, honoré par le ministre des Affaires étrangères de la France. Dans la voiture qui nous y a conduits, Roland a parcouru rapidement le discours rédigé pour l'occasion par l'un de ses collaborateurs. Il traitait de l'éducation. Agacé, il a froissé les feuillets et s'en est débarrassé. Il a décidé d'improviser. La salle contient environ cinq cents couverts. Je me suis retrouvée assise à côté d'un journaliste, correspondant d'une radio française qui m'a demandé si c'était la première fois que j'assistais à cette manifestation. Je lui ai répondu que oui.
- « Moi, c'est la seconde fois. Mais tant que le ministre des Affaires étrangères sera Roland Dumas, je ne manquerai pas l'occasion. Son discours, l'année dernière, a été un grand moment. Si nous avons de la chance, ce soir, je pense que vous comprendrez ce que je veux dire. »
Au loin, à la table officielle, je l'observais. Ce n'est qu'à la fin du repas, devant sa tasse de café, qu'il a cessé de participer à la conversation autour de lui. Il est resté un instant pensif et concentré. Et puis il s'est levé. Pendant près d'un quart d'heure, il a émerveillé son auditoire et parlé des différents accents de notre langue française au-delà des mers. Il a parlé encore et toujours de musique et aussi d'amour. Et pendant que les applaudissements crépitaient, mon compagnon de table, debout sur sa chaise, m'a crié :

- « Vous voyez, je vous l'avais dit. Magnifique, non ? Quel talent… ! »
Rien n'a été préparé. J'en suis témoin. Jamais vu d'improvisation aussi brillante.

J'imagine que le meilleur serait de coller ma vie à la sienne jusqu'au bout de la vie. Mais le voudra-t-il ?

Septembre - Vienne - Ni plus ni moins que de la musique

Il y était pour plusieurs jours. Je viens de le rejoindre. Épuisé par de lourdes journées de travail, il paraît très fatigué. Mais il a quand même insisté, lors d'une pause, pour que nous allions dans les faubourgs de la ville, surtout voir le village de Grinzing et visiter la maison de Beethoven.
Nous avons été accueillis par deux vieilles dames, vestales du souvenir du maître. Elles ont accompagné notre pèlerinage en trottinant. Dans la chambre du musicien, à travers les carreaux d'une fenêtre exiguë, elles nous ont montré une église au loin. C'est là qu'un jour, à la trentaine, regardant les cloches se balancer, Beethoven découvrit sa triste infirmité qu'il vécut comme une punition suprême.
Avec émotion, j'ai découvert le testament d'Heiligenstadt.
En sortant, Roland, après avoir chaleureusement remercié les deux petites vieilles qui nous ont raccompagnés à la porte, m'a demandé :

- « Souvenez-vous de me rappeler le nom de l'une d'elles. Elle s'appelle veuve Dvorak. Étonnant, non ? Je mentionnerai ceci dans mes mémoires. »
En revenant, dans la voiture, il a piqué du nez. Je lui ai pris doucement la main. Le chauffeur autrichien, prolixe sur l'histoire de sa ville, jouait au guide et dans sa langue, nous prenait à partie. J'ai assisté à quelque chose de formidable. L'homme parlait et questionnait. Roland dormait. Et pour ne pas le froisser ou le décevoir, il s'extirpait de son sommeil au moment opportun pour apporter une réponse juste, appropriée, corrigeant un détail de l'Histoire qui avait échappé à l'autochtone. Et ce, dans un allemand parfait. Avec, cerise sur le gâteau, l'accent autrichien. Puis il se rendormait. C'est fou, il manie la langue allemande parfaitement, avec les différents accents ou idiomes, qu'il soit à Berlin, à Vienne, à Salzbourg ou à Bayreuth. Et bien d'autres langues étrangères, avec la même facilité. C'est vrai qu'il est l'interprète discret et privilégié entre Gorbatchev et Mitterrand.
- « Les langues ne sont ni plus ni moins que de la musique. Si vous l'entendez, vous n'avez aucun effort à faire. Cela vient tout seul. »
C'est ce qu'il dit.
Ce soir, j'ai assisté à ma première soirée d'opéra dans cette ville. Je suis gâtée. C'est Don Giovanni. Mozart a donné là sa toute première représentation. Nous sommes rentrés à l'hôtel Sacher, que Roland affectionne parce que les fenêtres s'ouvrent sur le

Staatsoper, et aussi pour sa célèbre tarte. Il a rejoint rapidement sa chambre pour se reposer un peu et m'a invitée à y prendre un dîner léger.

Entre deux réunions, Roland a volé une heure histoire de me parler de psychanalyse en filant jusqu'à la Berggasse pour une rapide visite chez Freud. Nous sommes ensuite allés au Belvédère, devant les œuvres de Klimt, Schiele et Kokoschka. Puis main dans la main, au cimetière des Musiciens où il n'a pas manqué une petite visite à Mozart.
Mais il lui fallait encore partir.
Hier soir, l'homme pressé est entré dans ma chambre sans prévenir.
- «Je dois me rendre à Rome en urgence. Le Pape m'attend. Au Vatican vous ne pouvez m'accompagner. Je vous abandonne. Restez un jour ou deux de plus et ne manquez pas le tombeau des Habsbourg, les Breughel au Muséum, et Schönbrunn. Au revoir ma belle amie. Je vous appelle.»
Vienne sombre dans la grisaille. Plombée, son passé plus récent m'obsède. Je ne lui trouve plus aucun charme. Trop grande, trop rigide, imposante, figée dans son histoire et sa froideur, elle me glace. Le cœur n'y est plus. Il me manque. Je bâcle le programme des visites, je boucle mon sac et je rentre à Paris dès aujourd'hui.

Octobre - Paris - Un thé chez les fous

La Rouquine m'invite à prendre le thé chez elle. Dans son hôtel. J'ai cru mourir. Dans sa maison de rendez-vous et d'échangistes, pour être plus précise. C'était hier après-midi. Elle m'a expliqué l'organisation : le soir on s'y rend en couple pour des partouzes. L'après-midi, les hommes seuls sont admis pour profiter d'un ou de deux couples complaisants et demandeurs. Sur la porte de son hôtel une pancarte affiche « complet » à longueur d'année. J'étais venue avec mon vieux copain Gérard, qu'elle a également adopté, puisqu'il travaille pour le ministre. Il est homosexuel et ce genre d'endroit n'est guère sa tasse de thé. Poliment, il a accepté de participer à la visite guidée. Comme dans les années vingt, la décoration ne laisse place à aucune ambiguïté sur le style de la maison. Tentures de velours rouge cramoisi, statues en plâtre de femmes nues portant des flambeaux électriques. Dans les escaliers à peine éclairés par de petites loupiotes rougeoyantes, mon pauvre ami, borgne, a failli à chaque marche se casser la figure, et perdre son œil de verre. Il suivait péniblement en soupirant. Elle nous a conduits à l'étage de fornication où l'activité battait son plein. Nous la suivions à travers des pièces surchargées de lits, au milieu des participants qui comme des insectes presque immobiles, s'agitaient sans même nous remarquer. De sa voix rocailleuse et grasseyante elle commentait les installations

sanitaires, et la propreté régnante, le Synthol sur les lavabos, la douceur du linge de toilette :
- « Dans ma maison je veille à ce que tout soit impeccable. Je lave mon linge sur place et j'ai un adoucisseur. On ne peut pas en dire autant de toutes les maisons. Je suis mentionnée dans *Pariscope* ! »
Vision insolite... Nous n'osions pas avancer dans cette demi-pénombre, dans cette ambiance glauque et un peu sordide bien que feutrée, à peine troublée par le halètement des travailleurs du sexe. Elle a insisté pour nous montrer la chambre à la glace sans tain, pour les accrocs du voyeurisme. Mon copain atteint de surdose me tirait par le bras pour que nous prenions congé. Surprise, arrivés dans le hall, un peu groggy, un client, habitué des lieux, s'est glissé timidement à travers les courtines du vestiaire pour récupérer ses effets. Et ô stupeur, nous avons feint, très embarrassés, de ne pas le reconnaître : un homme du Quai d'Orsay ! Notre hôtesse fièrement a claironné :
- « Je vous le disais bien qu'ici, je ne reçois que du beau monde ! »

Novembre - Prague - La révolution de velours

Roland ne tient pas longtemps en place. Sa charge, les urgences, la guerre du Golfe, Gorbatchev et la Glasnost, la chute du mur de Berlin, Maastricht… Je n'arrive pas à lutter…

Ce matin, à peine arrivé, il s'est échappé en bousculant horaires et protocole pour rendre une petite visite au vieux Mucha, le fils du célèbre décorateur et affichiste. On est venu nous ouvrir la porte d'une très ancienne maison des vieux quartiers. On nous a invités à entrer dans une pièce à peine éclairée par les rais de lumière qui filtraient au travers des persiennes closes. De lourdes tentures obstruaient les fenêtres. Un amoncellement de meubles et de sofas de velours passé, de bibelots, de guéridons chargés rendait l'endroit étouffant.
Le maître de maison a fait son entrée, en titubant un peu. Il se levait d'une sieste réparatrice. Il a pris place en face de nous dans un fauteuil au dossier démesurèment grand. Ses pieds, comme ceux d'un enfant dans le vide, se balançaient. Derrière le siège, une jeune fille aux longs cheveux blonds de soie se tenait raide comme un i, les mains posées sur le haut du dossier. Impassible, les yeux baissés, silencieuse, un vague sourire aux lèvres, elle ne bougeait pas. Roland a engagé la conversation. Le vieil homme répondait avec parcimonie. Entre deux réponses, il fermait les yeux, étranger, absent. Nous avons pris congé. La jeune vestale a emmené son vieil homme et refermé doucement la porte derrière eux.
En descendant, à pied, la rue pavée nous avons rejoint le Pont Charles, où il s'est attardé. L'ambassadeur l'attendait et devait s'impatienter mais Roland a pris son temps pour flâner dans la

vieille ville dont il m'a fait l'historique comme s'il y avait toujours vécu.

Des trois plus belles ambassades françaises je ne saurais dire laquelle me séduit le plus : Prague, Lisbonne ou Rome et son Palais Farnèse… ?

Dans le grand escalier de pierre, l'ambassadeur nous suivait et parlait à un ami qui nous accompagnait. Le diplomate racontait son quotidien dans cette magnifique demeure :

- « Oh, a-t-il dit, j'en ai vu passer, ici, des ministres des Affaires étrangères… évidemment… mais rarement accompagnés de leur épouse… »

Roland m'a lancé un coup d'œil amusé…

- « Attention, monsieur l'ambassadeur, a ponctué notre ami, je crois que vous êtes en train de rater une marche ! »

La soirée s'est terminée fort tard, sur la Place Venceslas, où la foule en liesse fêtait l'élection de Vaclav Havel. Ils font, disent-ils, une « révolution de velours »…

Année 1990

Janvier - Limousin - J'ai pris une sacrée raclée !

Roland a entrepris un émouvant pèlerinage. Nous sommes partis écumer la campagne limousine, berceau paternel, pour retrouver la maison de location où, petit garçon, il passait ses vacances auprès de ses grands-parents. Après maintes hésitations dans un labyrinthe de petites routes et de chemins vicinaux, nous l'avons trouvée enfin :

- « La voilà ! C'est ici, je la reconnais ! Arrête-toi... »

Sur le bord d'une route, une vieille maison de pierre, recouverte de lierre, blottie derrière une épaisse haie de thuyas. Un homme âgé s'approche, d'un pas hésitant, et nous ouvre le portail. Roland n'a pas eu à décliner son identité. Le couple, surpris, nous a invités à entrer, stupéfait et flatté par cette visite pour le moins

inattendue. Il leur dit la raison de sa présence dans ces murs. Sur-le-champ, la vieille dame, aimablement, nous a proposé de visiter la maison. « Je n'osais pas vous le demander... » Quand elle a ouvert devant nous une dernière porte, Roland s'est exclamé :
- « C'était ma chambre ! »
Il a fait le tour de cette petite pièce, en caressant les murs d'un regard tendre, puis s'est penché à la fenêtre :
- « Vous voyez ce petit chemin qui s'enfonce dans la forêt... Au bout il y avait une ferme. À la nuit tombée, ma grand-mère m'envoyait chercher du lait. Un jour, revenant avec mes deux pots, je m'amusais à les faire tournoyer comme deux hélices. À l'arrivée, les récipients étaient vides et j'ai pris une sacrée raclée ! »
- « La ferme existe toujours, monsieur, et on y élève toujours des vaches. »
Il a visité de la cave au grenier, remarqué les transformations. Il s'est attardé à la recherche du moindre indice, en quête de ses chers fantômes et de ses rires d'enfant.
Je suis si bien avec cet enfant-là.

Février - Paris - Le fauve peut être cruel

Le fauve peut être cruel... Je vis encore au domicile conjugal malgré un mariage depuis longtemps explosé. Mon époux n'en peut plus d'entendre parler de Roland Dumas et la tension monte. La cohabitation devient

insupportable et les scènes de ménage de plus en plus violentes. Dimanche soir, je suis allée retrouver Roland pour un dîner dans son appartement de l'Île Saint-Louis. En m'ouvrant sa porte, il a compris à ma mine chiffonnée que le thème de la soirée n'allait pas être la bagatelle. Il n'aime pas les problèmes, les plaintes et les pleurs. Après avoir écouté le récit de mes déboires conjugaux, il a décidé d'un coup d'annuler notre dîner. Il s'est levé et m'a annoncé :
- « Bon ! Je vais aller au Quai, travailler. On m'apportera un plateau. Et vous, ma belle amie, je ne saurais trop vous conseiller de rentrer chez vous et de rassurer votre petit mari. »
Un baisemain, froid comme la bise et la porte sur moi vivement refermée. Première leçon !

Mars - Paris - La claque et le claque…

La Rouquine est de toutes nos sorties musicales. Nous nous retrouvons, Roland, elle et moi dans les virées opéra et dans les aéroports. Notre trio ne passe pas inaperçu. Mon sac en bandoulière, les valises à roulettes de mes deux compagnons de voyage dans chaque main, j'ouvre la voie, chef de file.
Ils me suivent à pas lents, en boitillant un peu, l'un de la jambe gauche, l'autre de la jambe droite.
Dans tous les théâtres, impossible de la manquer, malgré sa petite taille. Claudicante, un peu voûtée, sa

chevelure rousse embrasée, flamboyante, ses grosses lunettes serties de strass étincelant comme des clignotants, et ses bijoux voyants, son verbe haut, la rendent incontournable. Elle a cet accent titi parisien, un rien graveleux et décalé, plus faubourien que celui d'Arletty qu'elle appuie fièrement.

- «J'ai eu trois amours dans ma vie, Mario Del Monaco, Placido Domingo et Roland Dumas. J'ai fait faire trois énormes posters et je les ai placardés chez moi!» n'hésite-t-elle pas à clamer avec l'inimitable cachet de sa gouaille impudique.

Les deux derniers intéressés, le premier étant décédé, s'inquiétaient de voir leur portrait affiché à l'entrée de son claque.

- «Ne vous inquiétez pas. Je les ai mis au dernier étage dans mes appartements privés.»

Ils constituent son bonheur, sa raison de vivre, sa passion. Rien n'est trop beau pour eux et leur famille, enfants, épouses, maîtresses. Prévenante, attentive, elle est leur Père Noël à l'année, elle les couvre de cadeaux.

Notre amie la Rouquine adore faire visiter son claque. L'autre soir, après un dîner à mon domicile, elle a une géniale idée et invite tout le monde à boire du champagne chez elle. Tous acceptent en applaudissant, émoustillés. Je crains le pire... En compagnie du ministre, d'un ami pianiste concertiste un peu timoré et de sa jeune sœur, de l'ancienne gouvernante des princesses de Monaco, d'un chirurgien de nos amis,

coupes à la main, elle nous refait la visite guidée, avec les mêmes commentaires. C'est la fièvre du samedi soir dans sa maison et les clients se pressent les uns sur les autres, se mélangent avec hardiesse. Dans cette ambiance de stupre, notre hôtesse nous vante l'efficacité de sa gestion et l'organisation de son commerce. En file indienne derrière la maîtresse des lieux qui claudique, Dumas dans sa trace, boitant lui aussi, nous la suivons, en bousculant quelque peu les couples fornicateurs. Je marche en queue de peloton. Soudain, une femme, revêtue d'un seul porte-jarretelles noir, m'agrippe le bras et me demande, hallucinée:
- « N'est-ce pas le ministre des Affaires étrangères que je viens de voir passer, là, à l'instant ? »
Je m'empresse de la rassurer: « Mais non, voyons... c'est son sosie... » Et je tourne vite les talons pour fermer l'étrange et hétéroclite défilé que nous formons. J'ai demandé à l'hôtesse quel plaisir ces femmes retirent de ces exercices, si ce n'est celui de satisfaire leur conjoint et de se dévouer pour mettre un peu de piquant dans leur sexualité fatiguée. Elle m'a répondu d'un ton sec:
- « Elles ne se dévouent pas, ma Cricri. Je voudrais que tu les entendes, certaines nuits. Deux étages au-dessus, dans mes appartements privés, je suis réveillée par mes chiens qui aboient tant elles gueulent de plaisir. »
Les revenus plus que douillets de la dame du claque sont en tout cas consacrés à l'opéra. Sa façon à elle de poétiser et d'embellir le marché du sexe.

Mars - Marée d'équinoxe - J'irai revoir ma Normandie…

Roland continue son voyage dans le passé. Cette fois, retour aux sources : la Normandie, son berceau maternel… Il a découvert dans un calendrier qu'ont lieu les marées d'équinoxe. Sans plus attendre, il décide de partir le soir même. Le plus fort coefficient était le lendemain matin à six heures. Il est passé me chercher en début de soirée. Il était seul au volant de sa voiture. M'incombait le rôle de chauffeur. Direction : le Mont-Saint-Michel. Son caprice ? Se réveiller dans cet endroit, face au large, encerclé par la haute mer, les vagues, le vent et les embruns, les cris des mouettes et des goélands... Nous sommes arrivés tard dans la nuit. Les hôtels étaient tous complets ou fermés. En particulier celui de la Mère Poulard où il espérait descendre. Il m'a raconté qu'il avait fait découvrir ce merveilleux endroit à Margaret Thatcher… « Elle en garde un souvenir impérissable ! »

Au comptoir d'une crêperie, de galettes de blé noir, nous nous sommes consolés, et au « Du Guesclin », un petit hôtel sur les remparts, nous avons atterri devant un veilleur de nuit au regard ahuri. La chambre mansardée quelque peu rudimentaire offrait une vue sur le grand large telle qu'il l'avait rêvée.

Le réveil a été à la hauteur de ses espérances. Rien ne manquait au décor. Nous avons flâné en attendant la marée basse. Au ministère, il était espéré vers treize heures pour un déjeuner officiel. Il a fallu lever le

camp, pour regagner la capitale au galop. Arrivés à un carrefour, il a jeté un œil sur sa montre. Le village maternel n'était qu'à quelques encablures : Ducet. Nous avions le temps de faire un détour. Il en a profité pour fleurir le caveau familial. Dans les rues du petit village, il cherchait la maison de ses grands-parents qu'il ne retrouvait plus. Il s'est renseigné à l'auberge du coin. On lui a indiqué ladite maison. Il est allé frapper à la porte. Personne. Déçu, il a déambulé dans les petites rues, en évoquant des souvenirs d'enfance. L'heure avançait et je commençais à être inquiète pour le retour.
Nous avons dû manquer un poteau indicateur. Impossible de retrouver la route de Paris. Assis à mes côtés, il ne parlait plus, plongé dans ses pensées d'un autre temps. La route de campagne n'en finissait pas, comme un ruban, de baguenauder et de serpenter au milieu des vertes prairies et des champs de pommiers quand le téléphone l'a tiré de sa rêverie. Sa secrétaire lui rappelait ses rendez-vous et son déjeuner important. Il est retombé brutalement sur terre et a chaussé ses lunettes devant une carte routière. Nous étions dans le sens opposé ! Dans un labyrinthe de chemins de plus en plus rétrécis nous avons tenté désespérément de récupérer la route nationale. En vain. Nous étions dans la campagne aux alentours du Mans ! Le téléphone n'a pas arrêté de lancer des rappels à l'ordre agressif et de nous mettre une pression qu'il m'a répercutée :

- « Tournez à gauche, non, à droite. Accélèrez. Doucement ! ... Plus vite ! »
On le rappelait au téléphone :
- « Dites que je serai en retard... Une heure, tout au plus... »
Puis :
- « Qu'on serve l'apéritif... »
Et encore :
- « Qu'on commence à servir le déjeuner... Trouvez une excuse, voyons ! »
Pour finir :
- « Dites que je suis désolé. Je serai là pour le café ! »
Arrivés dans Paris, il a repris le volant. Au premier feu rouge, il m'a débarquée avec mon sac sur un coin de trottoir.
- « Vous êtes un chauffeur hors pair. Au revoir, ma belle amie. À bientôt. »
J'ai regardé disparaître la voiture d'un ministre pressé.

Mai - Alexandrie - Tout est lié

« Rappelez-vous bien ceci : pour garder la jeunesse, il ne faut rien négliger. Il faut apprendre, sans cesse, s'instruire et rester curieux du monde et de la vie. Et il faut aimer, toujours. Faire l'amour souvent. Tout est lié. Si vous vous relâchez, c'est le compte à rebours et c'est la chute. »
Auprès de lui, je réalise l'incommensurable de ce que je n'ai pas appris et du temps perdu. Je ne peux plus

m'empêcher chaque soir de faire un rapide bilan de la journée passée et je panique à l'idée de n'avoir agi suffisamment pour combler des lacunes et découvrir encore. Auprès de lui, j'apprends l'urgence et l'éphémère, le périssable, j'acquiers une curiosité insatiable de la vie. Cet homme pressé court la planète, en conjuguant avec panache, diplomatie et politique, l'Art, la Musique et l'Histoire.
En voyage, alors qu'il ne jouit que de très peu de liberté, il prend malgré tout le temps de rédiger, à son réveil des lettres en russe à son professeur à Paris, pour s'entraîner à la langue écrite. Il ne manque jamais d'envoyer de tous les coins de la planète où il passe, des cartes postales pour un bon souvenir, à ses amis qu'il aime. Depuis quelque temps, Maman est sur sa liste, touchée par cette attention, elle les collectionne.
Nous sommes à Alexandrie… L'inauguration de l'Université franco-africaine a eu lieu aujourd'hui, en présence de nombreux chefs d'États dont Mitterrand, Senghor, Moubarak.

Mai - Grèce - La route d'Alexandre

Roland a décidé de faire une halte de quelques heures en Grèce, en revenant d'Alexandrie. Il a entendu parler d'un archéologue, docteur à l'université de Thessalonique, Manolis Andonicos, qui vient de découvrir la tombe de Philippe II de Macédoine,

père du fameux Alexandre le Grand. Sans plus attendre, il a fallu se rendre sur les lieux.
- « Après le Fils, le Père! Nous allons donc faire la route d'Alexandre à l'envers... ! »
Il n'en faut pas plus pour le réjouir, le faire vibrer. Un retour dans l'Histoire. Fissa, le détour a été organisé par les services culturels de l'ambassade en Grèce. Nous sommes arrivés hier, tard dans la nuit, à Athènes. Le dîner a été rapide. Et la nuit courte. Car, très tôt ce matin, nous avons décollé pour la Macédoine. Arrivés au petit jour, une voiture nous attendait au pied de l'avion pour nous conduire sur le fameux site de Vergina. Le vieil archéologue nous a accueillis et nous a conduits le long d'interminables échafaudages fragiles. À une dizaine de mètres sous terre, nous sommes restés sans voix devant les fouilles de cette tombe mythique, à peine éclairée de torches. De retour en pleine lumière, sur la hauteur d'une colline, nous avons foulé des moignons de pierres rongées par le temps, seuls vestiges du palais de Philippe II.
Devant nous s'étalait une vaste plaine où des lambeaux de brumes s'effilochaient sous les premiers rayons du soleil. Plantés devant moi, le vieux chercheur et Roland admiraient, recueillis, ce paysage chargé d'Histoire. Puis d'une voix grave et pleine d'émotion, le vieil homme nous a parlé. Soudain les lieux ont pris vie. Il a décrit avec passion et maints détails hauts en couleur comment, un jour, le fils, Alexandre le Grand, leva ses armées à cet

endroit pour entreprendre sa longue route. Roland, immobile, sous le charme, buvait ses mots, s'imprégnait de ce moment magique.
J'étais bouleversée par les silhouettes de ces deux hommes, sur ce promontoire. J'entendais les crissements d'ailes timides des premières cigales. Je respirais les parfums portés du fond de la plaine par une petite brise.
J'ai fermé les yeux.
Comme une fresque en cinémascope, j'ai vu la lente progression de cette armée de milliers d'hommes et de chevaux qui s'ébranlait vers des terres inconnues.
J'ai eu peur.

Mai - Paris - Je suis sa passion...

Ce matin, je me réveille entre deux eaux. J'ai beau faire la fière, me targuer de savoir tout admettre, me flatter d'échapper à la banalité, je n'esquive pas à tous les coups les relents destructeurs. Je désespère encore et toujours de voir Roland mettre un peu d'ordre dans sa vie.
J'ai trouvé un de ses nombreux carnets privés, qu'il noircit quotidiennement, oublié dans notre maison de Dordogne. Je n'ai pu m'empêcher, coupable et curieuse, de feuilleter quelques pages, à la recherche de ce qui peut nous concerner. J'évite discrètement les comptes rendus de rendez-vous ou autres considérations politiques. Quand apparaît un X qui

m'interpelle. Je sais qu'il abrège ainsi mon prénom, alors je dévore le passage :
« Voyage avec X… Sans ombre. L'harmonie totale… »
Ou encore :
« Vu X… J'ai pris un coup de cœur comme on prend un coup de soleil… »
Plus loin, je n'en crois pas mes yeux :
« Séjour à l'Hôpital du Val de Grâce : j'en profite pour faire mes visites féminines. Le matin : la routine. Après-midi : la tendresse. Le soir : la passion… »
Il a programmé son épouse le matin, sa maîtresse en titre un peu plus tard, et moi à la tombée de la nuit.
Je suis sa passion.
Il en a ainsi décidé.
Toutes trois, sans le savoir, nous nous succédons au chevet de notre grand homme sans jamais nous croiser. Le timing est parfait.

Juin - Cap-Ferret - L'écouter encore et encore…

Nous sommes au Cap-ferret, pour un court week-end, quelques heures, auprès de la belle-famille de Roland et d'amis. Des amis, il en a de toutes les sortes : boxeurs, négociants en vins de Bordeaux, chirurgiens, jeunes sportifs et haltérophiles passionnés, athlètes accomplis. Il se laisse volontiers coacher par une équipe de choc, transpire des heures et s'endurcit en soulevant des poids énormes.

Cet après-midi, le long des routes cyclables, à travers les pins, je pédalais en force pour rester dans sa roue. Ce soir, au restaurant chez Hortense, une orgie d'huîtres du Bassin et de moules à l'ail a embelli la soirée. Je suis parfois obligée de le titiller pour qu'il quitte ses vieilles savates de corde éculées et ses vêtements de sport distendus empruntés au beau-frère. Je lui rappelle sa charge et sa fonction qui nécessitent un minimum de tenue vestimentaire, même en vacances. Il maugrée un peu mais finit par capituler en harmonisant les pantalons ministériels avec un tee-shirt branché et délavé, piqué au hasard dans la buanderie.
Tout à l'heure, en pleine euphorie, il a entonné le refrain de cette chanson d'Otis Redding, « In the dock of the bay ». Scotchée, je lui ai demandé : « Dumas, mais vous chantez aussi du rock ? »
- « Ah ces jeunes ! Mais qu'est-ce qu'ils croient ? Pas fini de vous étonner, vous allez voir… ! » Et, à la stupéfaction de tout le monde, il s'est levé et m'a entraînée dans un rock endiablé, j'ai dû demander grâce… sous ses moqueries et autres quolibets. « Ça ne tient pas la route tout ça. Des criquets, je vous le dis moi, des criquets !!! »

Il a fallu des mois avant qu'il n'accepte de me donner un aperçu de sa voix.
Il esquive, prétextant sans cesse le manque de pratique. Mais, hier matin, alors que nous étions

dans la villa de son beau-frère au Cap-Ferret et que nous passions quelques heures de détente au milieu des pins, il a choisi Wagner pour me surprendre. Un air de Lohengrin…
Je n'ai pas réalisé tout de suite. La voix montait du fond de la maison et s'est soudain amplifiée. Je me suis assise, le souffle coupé. Une voix mélodieuse, et puissante. J'aimerais qu'il ne s'arrête jamais, l'écouter encore et encore.

Juillet - Paris - Je n'ai plus de vie

Elf a mis à ma disposition un appartement. Mon divorce a été prononcé. Je n'ai plus de vie. Je suis pendue au téléphone nuit et jour. Je suis à la disposition d'Elf 24 heures sur 24. Ils m'ont aussi demandé si je pouvais organiser des dîners discrets chez moi entre le ministre des Affaires étrangères et des personnalités.

Août - Dordogne - Quand je rendrai mon dernier souffle

Nous sommes dans ma maison de Dordogne. Roland se laisse aller à entonner le grand air de Werther, en se rasant. Toutes les fenêtres sont ouvertes sur le jardin. Ma mère et moi, stupéfaites, nous l'écoutons comme deux hirondelles sur le fil de notre émotion.

Au petit-déjeuner j'ai mis le Requiem de Fauré. Il a descendu l'escalier. « Quelle belle musique ! » Sa voix… tonitruante. « Quand je rendrai mon dernier souffle, c'est la dernière que j'aimerais entendre. Et peut-être ce qui va suivre... Écoutez... »
Il déplore que ce compositeur français n'ait pas la notoriété qu'il mérite. Il m'emmènera, dit-il, à Pamiers, petit village du sud de la France où est né le maître. Il veut que nous y allions pour l'anniversaire de sa naissance, écouter, recueillis, le fameux Requiem. En découvrant à ses côtés ce Cantique de Jean Racine, j'ai éprouvé un grand moment d'émotion. Grâce à cette musique d'une si belle douceur et pureté, à ce qu'il m'a raconté.
Il paraît qu'alors qu'il était étudiant, son professeur de chant, une très vieille dame, est décédé. Pour lui rendre hommage, ses élèves sont tous allés à ses obsèques dans une petite église de Normandie et ils ont interprété a cappella ce magnifique air qu'elle leur avait enseigné. Lui chantait la partition du ténor.
Il y a de la tendresse et de la nostalgie dans sa voix à cette évocation. Il a décidé sur-le-champ de retravailler sa voix, malgré un agenda très chargé. Pour me surprendre, pour chanter à nouveau pour moi. J'applaudis à deux mains.

Août - Toscane - Trois est mon chiffre

Nous sommes partis pour quarante-huit heures en Toscane… Je ne désespère pas de le convaincre des avantages et bonheurs d'une vie commune. Lassée d'attendre un mot, un geste, qui ne viennent jamais, je décide de profiter de ce voyage privé pour en faire la demande, même si je mesure bien les conséquences d'une telle sollicitation.
Je sais l'animal coriace sur le sujet.
La journée a été chargée. Il y a eu cette visite dans les environs de Florence, d'une somptueuse demeure à rénover en vue d'en faire un éventuel centre culturel français. Puis un pèlerinage aux Offices, et au palais Pitti, ponctué de haltes rafraîchissantes dans la sereine harmonie de petits monastères et une visite à Fiesole. Fatigués, mais la tête pleine des beautés du quattrocento, nous jouissions d'un fort agréable dîner en amoureux. Il m'apparaissait suffisamment détendu et attentif pour que je puisse aborder la question sensible.
Il m'a écoutée sans broncher.
Sa réponse a été immédiate.
- « Bien ! m'a-t-il dit, caressant de sa main droite l'autre posée à plat sur la nappe, l'air sérieux et réfléchi. »
Le cœur en capilotade, je m'attendais au pire. Le vouvoiement a donné le ton et la réponse est tombée, cinglante comme un coup de fouet :

- « Si j'ai bonne mémoire, voilà deux ans que vous savourez enfin le mot liberté. Mais votre ancien statut de petite-bourgeoise à la maison semble vous manquer. Parfait ! Si vous avez une telle nécessité de voir rentrer tous les soirs à heure fixe votre bonhomme qui chaussera ses pantoufles, lira le journal, et vous rejoindra dans la couche conjugale pour vous honorer, après avoir regardé le match de foot à la télé, je peux le comprendre. Si cette dernière expérience qui a duré dix-huit ans ne vous a pas suffi, recommencez ! Si là est votre bonheur... Je ne veux pas être la cause d'une frustration. Vous avez ma bénédiction. Quant à moi, jamais personne ne m'a attrapé. Trois est mon chiffre. J'ai eu trois métiers, trois maisons, je ne lis jamais moins de trois livres à la fois. Mais vous êtes libre. L'homme que vous voulez, vous n'aurez aucun mal à le trouver. Simplement je sais qu'aujourd'hui vous me ressemblez, alors j'attendrai patiemment que vous me reveniez. »
Le sujet est clos. Je suis peinée et déçue, je n'en reparlerai plus.

Septembre - Paris - Faites ce que l'on vous demande...

L'entreprise Elf me demande d'intervenir auprès du ministre pour l'affaire du marché des frégates à Taïwan, j'ai tenté d'en parler à Roland, de lui faire part de mes inquiétudes. Il m'a écoutée distraitement et a conclu :

- « Faites ce que l'on vous demande et nous verrons. De toute façon, vous ne risquez rien. Tant que je serai là, je veillerai sur tout ce petit monde… »
(Sous-entendu les patrons d'Elf et Thomson.)
(On connaît la suite… !)

Octobre - Paris - Une froide indifférence

J'ai insisté pour qu'il me reçoive en urgence. Il m'a accordé quelques minutes d'entretien entre deux rendez-vous. J'ai remarqué que lorsque ma demande ne concerne pas le travail, et qu'au ton de ma voix il flaire que je pourrais avoir quelques ennuis ou vague à l'âme, il se carapaçonne dans une froide indifférence. J'entre. Il lève à peine son regard de ses dossiers par-dessus ses lunettes. Sur un siège, en contrebas de son imposant bureau, je prends place. Il garde le silence toujours occupé à parapher des feuillets. Puis pose ses lunettes, me regarde et me demande d'une voix blanche quel est l'objet de ma visite. Je suis complètement éprouvée par mon divorce difficile, un manque d'habitude à gérer, seule, ma vie familiale et professionnelle, je me laisse aller à lui décrire mes angoisses. Je lui dis mal supporter ce rôle de balle de ping-pong entre Elf et le ministère des Affaires étrangères et mes craintes, parce que Elf et Thomson me demandent maintenant de travailler pour mener à bien la signature du contrat portant sur la vente des frégates à Taïwan, ce qui déborde de mes attributions. À travers mes plaintes, j'ai envie de lui dire que tout ce que je fais, tout ce que j'ai radicalement bougé dans ma vie, je l'ai fait pour lui. Bref, je craque. Il m'écoute attentivement.

Quand je finis de dévider mon chapelet de récriminations, les yeux rougis, le kleenex détrempé, j'imagine naïvement qu'il va se lever de son fauteuil ministériel, abandonner son attitude affectée et distante pour me prendre dans ses bras.

J'ai encore pas mal d'illusions.

- « Je vous ai bien entendue, ma chère. Que voulez-vous que je fasse pour vous ? Voulez-vous que je vous trouve un petit boulot d'attachée de presse ? Voulez-vous que j'appelle Chirac, que je demande à la Mairie de Paris de vous trouver un petit deux-pièces ? Avez-vous besoin que je vous prête un peu d'argent ? »

Il ouvre un tiroir et fait mine de sortir une liasse de billets de banque, qu'il s'empresse de reposer d'ailleurs aussitôt en refermant le tiroir.

- « Allons, Christine, la battante, la bagarreuse, que vous arrive-t-il ? C'est pourtant ainsi que je vous aime... Ressaisissez-vous ! Votre travail ne vous intéresse-t-il plus ? Si vous abandonniez, quelqu'un d'autre le ferait à votre place. Je vous avoue que j'ai eu grand plaisir à vous recevoir... »

En me raccompagnant vers une porte dérobée, il me dit attendre la visite imminente d'Arafat. Son souci à lui est d'une autre sorte. Ce dernier a coutume à

chacune de leurs rencontres de se jeter dans les bras de Dumas en l'embrassant. Puis de claironner haut et fort : « My great, dear friend, Roland !!! », devant les caméras du monde entier. Mitterrand a demandé à son ministre des Affaires étrangères un peu plus de discrétion. Il se demande comment il va dans quelques minutes éviter ou abréger ces effusions !
Je sors...

Sur les berges, le soleil m'éblouit. Je traverse le pont et m'arrête en regardant couler la Seine. Ses phrases résonnent dans ma tête. J'ai encore des sanglots dans la gorge que je n'étouffe plus. Je pense à mes fils et surtout au plus jeune, qui comptent sur leur mère, en me jurant de ne plus jamais, devant cet homme, dévoiler la moindre faiblesse.

Novembre - Paris - Vous aurez vos frégates

- « J'ai une bonne nouvelle. Vous aurez vos frégates. Vos employeurs vont être satisfaits. Je ferai en sorte que ce soit les autres qui montent au créneau auprès du président. J'agirai par la bande. Vous allez gagner une commission confortable, je crois ? Je vous aurai dotée. Mais qu'allez-vous faire de toute cette liberté ? »
Je n'en crois pas mes oreilles.
À quel jeu joue-t-il ?

Décembre - Paris - Noël

Je lui ai offert des statuettes.

Année 1991

Janvier - Dordogne - L'état d'urgence

Nous avons dîné avec mon père et ma mère dans une ferme auberge perdue au fond des bois de Dordogne. Une occasion unique. Mes parents divorcés ont enfin accepté de se rencontrer autour d'une table avec leur fille. J'étais très émue. Nous nous sommes régalés d'un divin confit de canard aux pommes sarladaises. Les gens de l'auberge sont venus nous rejoindre et nous avons bavardé tard dans la nuit. Une fois rentrés, couchés et endormis, ma mère, réveillée en sursaut, est venue crier au bas des escaliers qu'au bout du fil un certain James Baker, homologue américain de Roland à bord d'un porte-avions dans le Golfe persique a désespérément toute la soirée, cherché à le joindre. Au fond de ma campagne reculée, je ne réussis pas à l'isoler du reste du monde. Quand bien même la planète lui laisserait un peu de répit, il trouve astucieusement le moyen, en feuilletant ses agendas, de découvrir une exposition de peinture qui prend fin, ou bien un concert ou un opéra pour une dernière représentation… et il faut sans plus attendre lever le camp pour s'y rendre. Peu importent l'heure et les moyens de locomotion, isolés que nous sommes dans cette lande périgourdine. Soudain, pour ce boulimique, cela devient une urgence. Il n'est déjà plus là. Je boucle mon sac, embrasse ma mère qui se plaint que nous venons à peine d'arriver.

Janvier - Paris - Tempête du désert

Les Scuds pleuvent de tous côtés, c'est la guerre.

Février - Atlantique - Je veux arrêter le temps

Balades dans les dunes, face à l'océan.
Sur le sable mouillé à marée descendante, les ciels chamarrés et changeants miroitent.
Nous, allongés sur le sable, les bras en croix et nos mains jointes nous suivons la course folle des nuages moirés emportés par le vent. Je me dis et redis que j'ai de la chance de le connaître. Je veux arrêter le temps, l'éternité est la seule limite que je reconnais à notre amour.

Février - Paris - Entre deux rendez-vous

Nous avons pris l'habitude de nous voir très souvent, de par mon travail en relation avec son ministère, les nombreux voyages auxquels je participe, dans le Périgord qui est sa circonscription, et aussi nos rendez-vous plus intimes.
Nous sommes devenus un couple sans jamais avoir vécu ensemble, habitués à la présence continue de l'autre. Alors, naturellement, il passe chez moi régulièrement, presque chaque jour, même pour de brefs instants, entre deux rendez-vous. Cet après-midi, je l'ai entendu crier un bonjour tonitruant dans la cour de mon immeuble. En me penchant à la fenêtre, je l'aperçois à cheval sur un vélo de course, en survêtement de couleur mauve. « Vous me faites un café, ma belle ? », me demande-t-il en déposant son véhicule contre les volets de ma concierge, qui derrière ses vitres ouvre des yeux comme deux soucoupes. Il lui a pris la lubie de sillonner les rues à travers la capitale, en pédalant. Et ses policiers, dans une voiture suiveuse, transpirent pour assurer sa protection en zigzaguant tant bien que mal.
J'imagine la tête des diplomates du Quai d'Orsay voyant arriver leur ministre dans cet équipage.

Février - Paris - On ne m'attrape pas, moi...

J'ai bien compris que je peux faire le deuil d'une vie commune.
- « On ne m'attrape pas, moi ! » a-t-il argué, agacé.
Roland a une vie amoureuse encombrée : une épouse dans la maison de famille en Bordelais, une maîtresse dans son hôtel particulier de la rue de Bièvre depuis vingt-cinq ans. Sans prétendre à l'exclusivité, je me prends parfois à espérer qu'il sacrifiera un jour au moins l'une des deux. Il fait la sourde oreille. Sa vie est bien huilée. Chacune de ses femmes est à sa place. Et lui, pacha en son harem, flâne et fait ses visites au gré de sa fantaisie et de son plaisir. Sa vie professionnelle lui facilite la tâche pour se soustraire aux contrôles et demeurer insaisissable. Son cabinet et surtout sa secrétaire particulière, son véritable cerbère, savent répondre avec voix lisses et polies, sans jamais transmettre la moindre information digne de ce nom.
- « On dit que vos femmes sont en dépression ? »
Il rit :
- « Vous, en tout cas, vous tenez le coup ! ... Forte, la petite, dit-il en me taquinant. Quant aux autres, si elles ne sont pas contentes, qu'elles s'en aillent. La porte est grande ouverte et je ne les retiens pas. À ce jour, elles sont encore toutes là, que je sache, et sans récrimination ! »
Il m'a exposé l'une de ses théories fumeuses sur le bonheur conjugal. Il affirme que pour garder celui

qu'elle aime, une femme amoureuse doit comprendre qu'il lui faut trois hommes dans sa vie. Trois, le symbole de la perfection.
Il sait de quoi il parle.

J'ai décidé de ne plus être cette femme seule et disponible. Mon divorce vient enfin d'être prononcé. Cette liberté m'encombre et je ne la gère pas à mon avantage, parce que je me suis totalement mise à sa merci. Il en prend à son aise. Je vais me créer à nouveau des obligations et s'il le faut d'inédites dépendances pour lui échapper. Je n'irai pas, comme le veut la théorie qu'il m'a jetée à la figure, prendre deux amants supplémentaires, un seul y pourvoira.
En attendant, le désordre sentimental qu'il m'expose engendre en moi une frustration permanente. En me coupant de lui, je vais faire de ce manque une force. Je tâcherai de le gérer, de l'apprivoiser.

Mars - Dordogne - Ne vous en faites pas

Il n'arrête pas de répéter à ma vieille mère :
- « Ne vous en faites pas pour elle, ma chère Paule, votre fille est quelqu'un de bien et de très solide. Elle se débrouille magnifiquement toute seule ! »
Il m'aime certes, mais sans récrimination, indépendante, battante et souriante.
Et nantie de surcroît pour ne pas lui coûter.

Pour le meilleur.
« Sans ombre et sans nuage… » comme il dit.
Il savoure ce subtil échange où relation amoureuse et activités sont intimement liées. Ainsi, la lassitude ne risque pas de l'atteindre quand, dans ses bras, je mélange à dessein, les mots : amour, toujours, pétrole et frégates, en le sensibilisant sur tous les dossiers chauds que l'on m'a confiés.

Mars - Pékin - Un beau parchemin

Voyage officiel. Je l'accompagne. Lors d'une soirée à l'ambassade de France, l'un des invités de marque décide de laisser un souvenir au ministre Dumas. C'est un très vieil homme, un Chinois. Devant lui sur une grande table, on dépose quatre grandes feuilles d'un très beau parchemin, ainsi que des gobelets et des pinceaux. Il peint sous nos yeux quatre magnifiques calligraphies, chacune représentant un vœu de félicité. Une est dédicacée au ministre, une m'est offerte, une autre est destinée à sa belle-sœur, et la dernière à ma mère. Nous remercions chaleureusement l'artiste qui n'est autre que le frère du dernier empereur. Les feuilles ont été roulées ensemble et confiées aux bons soins du policier privé de Roland pour l'acheminement sur Paris.

Mars - Paris

Avec la quantité de travail qu'il assume, je m'étonne toujours de le voir réussir à s'échapper un moment pour ses cours de russe, ses cours de chant, une exposition à ne pas manquer, une pièce de théâtre, un concert, un opéra, la recherche d'un livre rare… Apprendre le persan.

Mars - Paris - Un homme partage ma vie

Depuis quelques semaines, un homme sympathique et agréable, libre, plus jeune que Roland, me courtise. J'ai cédé à ses avances, sans beaucoup d'enthousiasme je dois dire. Pour ne plus être seule les week-ends et souvent pour les fêtes de fin d'années, pour ne plus subir les caprices et autres fantaisies de Roland, ses dates, ses horaires. Pour pallier mes faiblesses, pour me donner le courage de lui dire non, de fermer ma porte à la nuit tombée, la mort dans l'âme, quand il a décidé de faire un petit détour par chez moi, à n'importe quelle heure, histoire de venir me border.
Mon changement d'attitude tout d'abord l'a surpris. Maintenant, ça l'inquiète. Il redouble d'attentions, d'invitations, de coups de téléphone intempestifs. Il a même quitté son ministère pour me rejoindre à un déjeuner où je me trouvais dans un restaurant de la

rive droite avec des amis. Sous son bras, roulé avec soin, un magnifique dessin de Masson.
Surprise ! Un vrai cadeau… rien que pour moi !

Avril - Paris - Quand ils se croisent

J'ai refusé les dîners en tête-à-tête, en lui avouant qu'un homme partage désormais ma vie. Il mène son enquête pour savoir qui est l'heureux élu. Il n'aura aucun mal à récolter des renseignements. Il le connaît de vue, ils habitent tous deux la célèbre rue de Bièvre. Un à chaque bout, Roland côté boulevard Saint-Germain, l'autre côté Seine. Ça y est, ils se sont repérés. Il leur arrive même de se croiser dans l'étroite rue, chacun sur un trottoir. Chacun de me téléphoner. Le plus jeune, d'un ton sec, bougon :
- « J'ai vu ton ministre ce matin qui se dépêchait sans doute pour le Conseil. Il a oublié de me saluer. Il a même délibérément tourné la tête ! »
Puis c'est au tour de l'autre :
- « Bonjour ma belle… (D'une voix chantante et mélodieuse)… Je viens de croiser votre petit amoureux… dans ma rue…
Puis rageur et cassant :
- Vous avez décidément jeté votre dévolu sur la rue de Bièvre… Il ne vous manque plus que le président Mitterrand, il est pile au milieu ! »

Avril - Paris - Quand la Rouquine monte au créneau

La Rouquine n'hésite décidément devant rien pour prouver son amitié et son dévouement à « ses grands hommes, ses amours ». Pour elle rien d'impossible. Devant le grand désarroi de son ami Roland - il vit mal notre récente rupture et s'est tapi pour ruminer son mal d'amour dans son île Saint-Louis en écoutant Werther en boucle - elle a décidé de prendre la situation en main efficacement et de mettre un terme aux souffrances de son ami.

Il était environ vingt et une heures, hier soir. J'étais à mon domicile en compagnie d'amis et de mes enfants. Nous nous préparions à fêter l'anniversaire de l'un de mes proches. Soudain le téléphone a sonné. C'était elle. Elle m'a dit :

- « Il faut que je te parle tout de suite. Descends deux minutes. Je suis en bas de ton immeuble. »

J'ai abandonné mes fourneaux, ôté mon tablier et dévalé les escaliers deux à deux, sans fermer ma porte, sans prévenir mes invités, impatiente d'apprendre ce qui la pressait ainsi. Dans une limousine blanche avec chauffeur, commandée en urgence pour la cause, la Rouquine était ramassée à l'arrière. J'ai ouvert la portière, inquiète de ce qu'elle pouvait avoir à me dire de si urgent. Elle était vêtue d'une robe de chambre matelassée rose, chaussée de mules de satin à pompons, la tête casquée de bigoudis… Grandiose ! « Monte et ferme la porte ! », a-t-elle ordonné d'une voix sèche.

Pas le temps de faire ouf, la voiture a démarré en trombe, traversé la ville plein gaz, portes verrouillées et en un tour de main j'ai été « kidnappée », et livrée comme un colis ou un cadeau, au domicile de Roland Dumas. « Va, il t'attend... ! » Elle m'a poussée hors de la voiture qui a filé aussitôt et disparu au coin de la rue. Mission accomplie !

« Werther », pâle comme un convalescent, était campé devant sa porte grande ouverte. Un dîner fin aux chandelles m'attendait.

Dans ses bras il m'étouffe en soupirant. Je me blottis contre lui en fermant les yeux.

Je ne sais pas combien de temps nous sommes restés ainsi, le souffle retenu.

Avril - Paris - Nous deux, c'est fini

J'ai annoncé à Roland que nous deux, c'est fini. Cet homme partage désormais ma vie à temps plein. Il a fanfaronné :

- « Vous me faites un cadeau royal. Au bout de ces quatre années vous me donnez envie de vous reconquérir... »

Le ton a changé. Il n'a plus envie de rire. À toute heure de la journée, il me supplie : pour une petite visite chez moi, pour parler, pour un café sur le pouce, pour quelques minutes accordées. Je refuse, je tiens bon, je me cramponne. Mais je souffre de cette

séparation autant que lui. Je m'efforce de garder un ton amical presque protocolaire pour mettre de la distance entre nous.
Ce n'est pas simple.
- « Je t'en supplie. Juste un instant, ouvre-moi ta porte. Je viens maintenant, tu veux bien ? Hein, dis-moi que tu veux bien… ? »
Devant mon refus, sa voix change de tonalité et je sais qu'il est véritablement malheureux.
- « Je n'en peux plus, Christine. Je suis mal, très mal. Tu comprends ? Même mon travail s'en ressent. »
- « Non, Roland ! Ne jouez pas avec ça ! »
- « Si, je te jure. Je ne peux plus travailler. C'est vrai. Je ne suis plus performant, je le sens bien… Accepte de me recevoir. Juste un moment. S'il te plaît… »
J'ai appris que le président Mitterrand, inquiet, s'est enquis de sa santé et lui a suggéré de prendre quelques jours de repos.

Avril - Paris - Le ministre n'est pas dans son bureau

Mon vieux copain Gérard, son scribe, a voulu le rencontrer pour le tenir au courant des avancées concernant son futur livre. Il est allé au ministère en fin de journée après avoir sollicité un rendez-vous. Il a salué l'huissier en haut du grand escalier, qui l'a informé que le ministre n'était pas dans son bureau. Mon ami l'a découvert dans l'un des grands salons d'apparat, face à la Seine. La pièce baignait dans la demi-pénombre d'une fin d'après-midi. Derrière une lourde tenture de velours cramoisi, il se tenait, immobile devant l'une des fenêtres, voûté, écrasé sous les lambris.

À pas feutrés, mon ami s'est approché de lui.

- « Monsieur le ministre… », chuchote-t-il.

Absorbé par ses pensées, il ne répondait pas.

- « Monsieur le ministre, c'est moi, Gérard. Nous avions rendez-vous pour évoquer votre livre… »

Il s'est retourné enfin avec une grande lassitude.

- « Je vais mal, mon cher, très mal… »

- « Qu'avez-vous, Monsieur. Des ennuis de santé ? Votre travail ? »

- « Non ! C'est elle… Christine. »

Après un long silence, toujours selon Gérard, il a repris :

- « Vous voyez tout ça, a-t-il dit en désignant les hauts murs de la pièce dans un geste ample, je vais tout foutre en l'air. »

Son état de tristesse et d'abattement a alerté Gérard qui m'a téléphoné aussitôt. Il insiste pour que je passe le voir.

- « On ne peut tout de même pas le laisser dans cet état… ! »

- « Je l'appellerai demain. »

Avril - Paris

Aujourd'hui, j'ai appelé et promis de passer le voir à son bureau dans la soirée.

Avril - Paris - Heureux?

Je suis arrivée au ministère à la tombée de la nuit. Il n'y avait plus qu'un huissier, discret, en haut du grand escalier. J'étais attendue. Quand j'ai poussé les lourdes doubles portes, Roland ne s'est pas levé. J'ai traversé la vaste pièce sur la pointe des pieds. Une fois près de lui, j'ai entouré ses épaules, et déposé un baiser sur sa tempe. Il a repoussé son fauteuil, m'a prise dans ses bras, m'a conduite vers un fauteuil et s'est assis dans celui qui faisait face en serrant fort mes mains dans les siennes.
- « Je suis heureux que tu sois venue et je te remercie. »
Il a caressé mes doigts l'un après l'autre, en tremblant un peu, le visage incliné, l'air triste. Il a parlé le premier. S'est enquis de mon travail, de la santé de mes fils et de ma mère qu'il ne voit plus. Il tourne autour du pot. Le malaise! Il m'a demandé d'une voix blanche de dîner avec lui. Devant mon refus, il s'est rapproché, a posé un genou au sol et m'a supplié d'accepter. Il m'a dit son mal-être, sa douleur, son chagrin. J'ai essuyé une larme qui glissait sur sa joue. La gêne m'envahissait, brisée de le voir ainsi, devant moi, comme un gamin. Envolée sa superbe. À terre l'homme invincible. Envolées les

phrases cruelles qui d'habitude me foudroyaient et me laissaient sans repartie, glacée. Le super-homme, l'irréductible, le bourreau des cœurs est en train de craquer, de poser les armes, de se mettre à nu.
Je pourrais en tirer quelque gloriole, mais il ne s'agit pas d'un jeu.
Je ne connais pas ce Roland-là. Je pourrais me laisser attendrir, le prendre dans mes bras, lui dire les mots qu'il veut entendre. « C'est fini, je reviens. Ressaisis-toi. Cela te ressemble si peu. Ce n'est pas toi, là, comme ça. Tu me fais peur. Tu me manques aussi... plus que tu ne l'imagines... Viens ! »
Mais je sais que si je cède, tout recommencera comme avant. Dès qu'il sera rassuré, il me rangera à nouveau à la place qui m'est attribuée depuis le premier jour, dans un de ses nombreux tiroirs qui ne se mélangent pas. J'ai attrapé mon sac et me suis dirigée vers la porte. Il m'a rejointe aussitôt et a saisi fortement mon poignet :
- « Qu'est-ce que tu veux ? Dis-le-moi. »
Le ton s'est durci : « Tu vois ça... », il désignait les murs de l'imposant ministère, « Je vais tout quitter. Mon travail et les autres. Ce qui est devenu encombrant et superflu. Tu me le demandes... C'est ce que vous voulez, n'est-ce pas ? »
Cette façon qu'il a de passer du « tu » au « vous »...
J'ai fait volte-face et me suis échappée. J'entends encore la porte trembler sur ses gonds quand il l'a claquée derrière moi.

Mai - Paris - Un scrupule dans sa chaussure

Les semaines passent. Mon travail nécessite un contact régulier avec lui, je m'arrange pour régler les problèmes avec son cabinet et sa secrétaire, en prenant soin de l'éviter. Il ne s'accommode décidément pas de cette situation et ne renonce pas. Dimanche soir, un dimanche de pluie et de triste grisaille, il m'a téléphoné. Il était en bas de mon immeuble, dans sa voiture. Il avait soit-disant un pli urgent à me remettre. Cela pouvait être professionnel. Je suis allée jusqu'au balcon et me suis penchée pour l'apercevoir. Sa voiture était en double file, ses deux policiers debout près des portières. Lui, à la porte cochère, déjà en train de sonner à l'interphone. Il voulait monter. J'ai choisi de descendre. Froidement je me suis approchée de lui. Il m'a tendu du bout des doigts un pli cacheté, avec un regard de chien battu. Il n'a pas insisté, il a tourné les talons et rejoint sa voiture, courbé, en claudiquant, comme si un scrupule dans sa chaussure le blessait un peu... Le seul qu'il pourrait connaître...

Mai - Paris - Des mots simples

J'ai reçu sa première lettre d'amour. La plus belle qu'il m'ait écrite. *(Une parmi toutes celles qui me seront dérobées par l'entremise de ses dévoués acolytes, pendant ma détention. Celle que je gardais précieusement).* Pas de littérature ou de citations comme il sait en user et abuser. Non. Des mots simples, tendres et désespérés. Mon grand homme devient poète, collégien romantique et tellement émouvant.

Mai - Paris - Son mal-être adoucit le mien

Le temps passe. Je tiens bon. Et s'il me manque cruellement et délicieusement, j'avoue que son mal-être adoucit le mien. Et surtout cette façon qu'il a de se battre pour me reprendre est une belle preuve d'amour. Elle me rassure. Mais recommencer cette relation avec lui, je m'en défends bien. Il n'a rien bougé dans sa vie. Il n'a pas changé.

Mai - Paris - Il ne désarme pas

Il ne désarme pas. Pas question de jeter le gant. Tous les moyens sont bons pour me ramener à lui. Ma mère, venue passer quelques jours à Paris, est sur le départ. Il lui a proposé de l'accompagner en Dordogne, prétextant des rendez-vous dans sa circonscription. Elle a accepté de bon cœur l'invitation. Vers dix-sept heures, j'ai déposé ma douceur avec ses valises au ministère. Il est venu nous accueillir, chaleureux et détendu, les bras grands ouverts. Un large sourire éclairait son visage. Puis il m'a détaillée : je n'ai pas de sac. Il a réalisé que je ne faisais pas partie du voyage. Son visage s'est fermé d'un coup, mais il n'a fait aucun commentaire. Un moment, j'ai cru qu'il allait renoncer à ce déplacement. Mais il sait faire bonne figure. Ils se sont éloignés tous deux, je les ai regardés partir. Il n'a rien à faire là-bas. J'en suis sûre.

La suite racontée par ma mère, a confirmé mon sentiment. Ils ont atterri vers vingt heures à Périgueux, dans une nuit glacée de givre. Une voiture de la préfecture les a conduits dans notre maison familiale à une cinquantaine de kilomètres de l'aéroport. Sur la route de campagne, ils ont tenté de faire ouvrir une petite épicerie pour un morceau de pain et quelques œufs. La maison était gelée. Pendant que Roland s'occupait d'allumer le feu dans la cheminée, ma mère a préparé une soupe et une omelette. Il était triste et taciturne. Sans traîner, il est allé dans sa chambre. Le lendemain il a regagné Paris.
- « C'est n'importe quoi, m'a dit ma mère au téléphone, je n'ai pas compris ce qu'il est venu faire… Il semble un peu égaré… »
Ma mère n'a pas manqué, elle me l'a dit, l'occasion de lui resservir :
- « Ma fille, Roland, est née ici. Elle a les pieds bien plantés dans cette terre. Elle est solide et lucide. Si elle vous fait souffrir aujourd'hui, c'est parce que vous l'avez sous-estimée. Pourtant, n'étiez-vous pas le premier à me vanter ses qualités ? »

Juin - Paris - Plus de plaintes

Je ne cède toujours pas… et les mois passent.
Je le rencontre de temps en temps pour des rendez-vous uniquement professionnels. Il sait que l'autre homme, mon paravent, mon bouclier, est toujours là, près de moi.
Plus de plaintes. Il s'est relevé, n'affiche plus sa tristesse. Il a, semble-t-il, pansé ses plaies, renoncé, décroché. C'est mieux comme ça… pour nous deux.

Juin - Paris - Changement de stratégie

Je me trompais. Il a tout bonnement changé de stratégie. Il a opté pour un lent et patient travail pervers de déstabilisation. Je viens de m'en rendre compte.
Le renard a visé juste. Mon ami, amoureux substitut, s'avère un jaloux patenté chronique. Le seul nom de Roland Dumas, prononcé au cours d'un dîner par une tierce personne, pour un anodin commentaire politique, le rend fou. Ses yeux deviennent sombres, un rictus amer se dessine sur ses lèvres, ses sourcils s'épaississent. Il m'assène à travers la table des coups d'œil assassins. Il perd le contrôle. Roland, le « vil coyote », ainsi qu'il aime à se surnommer lui-même, avec humour et délectation, nous a déclaré la guerre. Cela s'est d'abord manifesté par des coups de téléphone intempestifs, de jour comme de nuit. Pour

éviter de mettre mon jaloux dans des états de nerf et d'angoisse inutiles, je ne décroche pas. Mais le répondeur prend le relais et nous entendons sa voix, grave, mélodieuse et enjouée: « Ah, l'odieuse machine… Vous n'êtes pas là? … Pour te dire simplement que je t'aime. Plus fort que jamais… »
Dans mes murs l'effet d'une bombe! … Il me faut à chaque fois plusieurs jours pour accrocher à nouveau un pauvre sourire sur le visage de mon compagnon, pour le rassurer, l'assurer de mon innocence et lui rendre un peu de sérénité.

Don Juan invente mille ruses pour fatiguer et irriter son rival. Il use des mêmes stratagèmes qu'au temps de ma vie conjugale avec Claude Joncour, lorsqu'il traumatisait mon époux par des coups de fil lancés du bout du monde, au beau milieu de la nuit, qui nous extirpaient du sommeil. Des tonnes de fleurs rares que je devais, la mort dans l'âme, jeter dans les poubelles, des billets d'avion tous azimuts, ou des poèmes et mots doux, livrés à domicile à n'importe quelle heure et sans prévenir, par des motards bardés de cuir.
C'était sa manière à lui … Épuiser et miner l'adversaire en occupant sans cesse le terrain, sans jamais céder d'un pouce, tenace et déterminé. Mais avec doigté, patience et de subtils fleurets mouchetés.

Je le sens tout proche, embusqué. Maintenant, remis de la dépression passagère causée par mon éloignement dont il connaît parfaitement les causes, il attaque, perfide. Jusqu'où ira-t-il ?

Juin - Paris - Flèches venimeuses

Mon infortuné amoureux accuse les coups, de vrais Scuds venus de l'imposant Quai d'Orsay. Certaines flèches, qui au premier abord paraissent inoffensives, se révèlent être les plus venimeuses. Mon naïf ne tient pas le coup.
Sous un prétexte fallacieux et anodin, Roland a profité de mon absence pour lever le drapeau blanc sur la toiture du ministère des Affaires étrangères. Mon compagnon, flatté, a accepté une invitation à déjeuner sous le dais blanc dans les jardins du Quai d'Orsay, par une belle et chaude journée de juin. Difficile de décliner les libéralités des princes… Rien n'a été négligé. Le tapis rouge. L'annonce de son arrivée réservée aux invités de marque. Le décorum et la majesté des lieux ont pour but d'impressionner le visiteur étranger. Roland en a rajouté pour mettre ce malheureux dans une situation équivoque et déstabilisante. Ils ont bavardé pendant le déjeuner, de tout et de rien en évitant de déraper sur le sujet « Christine ». Conversations policées, sans conséquence.
En survol.
Les mets étaient raffinés comme d'habitude, les vins également.

Renard rusé, prédateur habile, séducteur redoutable, il n'a eu aucun mal à mettre son adversaire sous le charme et dans sa poche. L'autre a pris congé, des étoiles à l'âme et dans les yeux, en titubant un peu, ignorant qu'il venait d'être joué et abusé.
À mon retour, il s'est empressé de me raconter l'entrevue avec force détails, volubile et emphatique en évoquant ce tête-à-tête particulier. Le ministre a trouvé grâce à ses yeux. Qu'une femme puisse tomber sous le charme d'un tel personnage lui paraît maintenant être une évidence. Il me comprend mieux et m'admire d'avoir eu la force et le courage de m'en séparer… Je n'en crois pas mes oreilles ! Ce qu'il ne sait pas et que je me garde bien de lui dire pour ne pas abîmer son joli souvenir, c'est l'autre son de cloche que j'ai eu en écho. Roland s'est empressé de me téléphoner.
- « Et bien ma chère, j'ai eu le plaisir de faire ample connaissance avec votre galant, ce monsieur X. Voyez-vous, maintenant je n'éprouve plus aucune inquiétude. Je pense que vous me reviendrez un jour… que j'imagine très prochain. À bientôt. »
Une gifle ! Furieuse, je suis plus que jamais bien décidée à ne pas céder. Je tiendrai le temps qu'il faudra, je suis résolue à monter une muraille pour me protéger contre ses ruses, ses assauts et tout autre piège alambiqué et pervers.

Juillet - Paris - Ce n'est pas n'importe qui

Un mois est passé. Il reste en retrait et voyage beaucoup. Diplomatie oblige. Je vaque à mes affaires, à ma vie. Je pensais qu'il oubliait et cicatrisait un peu. Mais un coup de téléphone est venu me surprendre. Sa famille bordelaise m'alerte :
- « Il est affaibli et se porte mal. Il faut que tu reviennes sur tes positions, que tu reconsidères le problème. » On me met en avant son âge avancé, sa position… et le respect qui en découle… « Ce n'est quand même pas n'importe qui… ! »
- « Son épouse et sa maîtresse en titre sont très inquiètes… »
Allons bon ! Voilà qu'il faut que je joue les infirmières. Même ma mère du fond du Périgord, alertée elle aussi, m'appelle. Elle me conseille de réfléchir et tient les mêmes propos.
- « Ma petite fille, je t'ai, depuis le début, mise en garde contre cet homme et j'ai toujours vu d'un mauvais œil votre liaison… mais je crois qu'il est très mal. Tu ne peux le laisser couler comme ça. Il fait de la peine. Tu dois peut-être réfléchir et revenir sur ta décision… »

Juillet - Paris - Sans crier gare

Roland nous a fait la surprise de débarquer sans crier gare dans notre maison de Dordogne pour célébrer les soixante-dix ans de ma mère. Rosi par l'émotion, un peu maladroit, il a déposé une petite broche en or élégante et discrète près de son couvert, (*J'apprendrai plus tard qu'il a chargé la Rouquine de l'acheter et qu'il ne l'a jamais remboursée*). A-t-il été touché par la grâce pour offrir ainsi et enfin à l'auteur de mes jours cette petite broche ornée de petites pierres précieuses ? Cadeau intéressé : il lui demande la main de sa fille qui veut le quitter.

Aujourd'hui le soleil est généreux, ciel bleu sans nuage. Ce matin, ma mère a quitté tout d'un coup ses fourneaux odorants d'un poulet truffé qui dore sous la broche. D'un pas décidé, en essuyant ses mains sur son tablier, elle est allée droit vers le hamac, suspendu au vieux figuier, où lit et rêvasse notre Roland ragaillardi. Elle s'est mise à secouer le filet qui commençait à grincer sur les anneaux, faisant balancer dangereusement notre grand homme. Je la regardais de loin, je me demandais ce qu'elle était en train de faire.

- « Je peux vous parler, Roland ? »

Il a baissé son livre et l'a considérée par-dessus ses lunettes.

- « Alors, répondez-moi… Vous l'aimez tant que ça, ma fille ? »

Il a soulevé sa tête, l'a regardée intensément dans les yeux :

- « Oui… Elle est encore jeune et trop pressée, mais je vais arranger ma vie et prendre les dispositions qui s'imposent dans les trois mois qui viennent. »

Juillet - Paris - Lui redonner goût à la vie

J'ai donné brutalement congé, sans autre forme de procès et d'explications, à mon malheureux fiancé provisoire de plus en plus transi. J'ai le cœur pincé pour le mal que je lui fais... Mais le plaisir d'avoir retrouvé mon Don Juan et la mission que j'ai de lui redonner goût à la vie et de l'aimer, me transportent.

Septembre - Paris - Ma vie est derrière moi

Je viens de vivre les plus beaux mois de ma vie. Nous ne nous quittons plus. Comme tous les amants du monde, nous fermons les grilles à tout ce qui n'est pas nous. Pour la première fois la diplomatie française est mise en sourdine l'espace d'un été.
- « Ton appétit de vie me fait peur, dit-il. Ma vie est derrière moi. »
Il dort peu, de crainte que tout cela ne lui échappe ou que le temps ne lui manque. Il parle à voix basse, jusqu'au bout de la nuit, comme une longue et belle prière, et je m'endors au creux de ses bras, en écoutant ses mots comme des caresses. Il m'aime. Il me le chuchote en m'endormant. J'ai si souvent rêvé ces moments. Je veux croire que ce sera ainsi jusqu'au bout de chaque jour. Je lui dis que je partirai avec lui. Il le sait.

Septembre - Paris - Le syndrome Mazarine

Il me dit rêver d'un enfant qui nous ressemblerait. Le syndrome Mazarine… Il balaie d'un revers de manche le problème de l'âge, en se référant à son ami, Picasso. Il repousse les limites comme un défi au temps qui passe. Lorsque j'aborde les problèmes du « quand dira-t-on » dans Paris, il rit :
- « Je pousserai fièrement la poussette jusque dans la cour du ministère… ! »
J'ai tellement envie de me laisser convaincre. Par prudence ou lâcheté, je renonce.
(*Cet enfant aurait eu sept ans pour aller visiter sa mère en prison, prise en otage par deux juges dans le désordre d'une pitoyable conspiration politico-financière et ses parents auraient eu une interdiction judiciaire de communiquer et de se voir pendant sept années supplémentaires…*
Son père aurait été relaxé et sa mère condamnée…)
Mais la rentrée est là… Il a repris ses activités et la charge de son ministère. Moi, les miennes.

Septembre - Paris - New York

Il est à l'ONU. Il m'a appelée, m'a demandé de le rejoindre, il dit que je lui manque. Il envisage de revenir en France pour quelques heures si je ne viens pas à lui. Je vais prendre le premier avion pour passer quarante-huit heures à ses côtés.

Septembre - New York - Montréal - Le rêve part en fumée

À New York, son garde du corps, envoyé par son secrétariat, m'a demandé de différer de quelques heures mon départ. Ils sont tous fous ! Le ministre désirait que je l'accompagne à Montréal où il devait parrainer le jumelage de la rivière Cartier avec notre rivière Dordogne. Je n'avais pas envie. Il a fait monter sa garde rapprochée au créneau pour me convaincre. J'ai refusé. Il fallait que je rentre en France. Moi aussi j'ai une vie. Mais j'ai été obligée de céder au grand dam de son cabinet. Il voulait tout bonnement annuler ce déplacement et le remettre à plus tard. Il allait créer un incident diplomatique, la plaque de marbre commémorative est gravée.
Dans un ciel de brumes effilochées, nous avons survolé les forêts d'érables, camaïeux de roux, symphonies d'automne. Le ciel semble nous appartenir. Pourtant, comme cet été indien qui s'étire, notre rêve s'enfuit… Je le pressens.

Octobre - Paris - Fin des chimères

À notre retour, le quotidien et les obligations ont eu raison de nos chimères. Sous prétexte d'un agenda surchargé, Roland se fait plus rare, moins empressé. Il a fini par m'avouer, je dois dire assez penaud, que sa maîtresse en titre, qui partage sa vie et son appartement parisien, trop fragile psychologiquement, ne supporterait pas une rupture brutale. Il renonce à tous nos projets. Je suis déçue mais pas vraiment surprise. Englué dans une double vie depuis presque trente ans, il s'est sclérosé dans les habitudes et les compromis. Trop tard pour donner un grand coup de balai et recommencer une vie.

Je ne peux me résoudre à m'éloigner et souffrir à nouveau. Malgré la morosité du moment, Je dois aménager ma vie pour rester encore à ses côtés comme il l'entend.

Octobre - Paris - La belle Roumaine

Je le sais bien, devant une jolie voix, il craque... Particulièrement si cette voix est féminine. Une amie organise parfois dans son appartement des petits concerts très intimes pour permettre à de jeunes talents de se faire remarquer. L'autre soir, nous étions conviés. Une jeune Roumaine accompagnée d'un timide pianiste nous a charmés. Ou, plus précisément, a séduit mon ministre. Les applaudissements n'avaient pas pris fin qu'il a bondi de sa chaise pour rejoindre la diva en herbe dans la pièce mitoyenne, et la complimenter. Il ne la lâchait plus. Il l'accaparait, empêchant les autres admirateurs de l'approcher. J'ai fini par faire intervenir mon vieil ami Gérard, son scribe, qui travaille sur ses mémoires futures et nous

accompagne, pour le ramener à la réalité, lui rappeler que je l'attendais et que nous avions réservé une table dans un restaurant. Sur le parcours, il n'a pas dit un mot. Le regard à demi-fermé, il fredonnait un grand air, inspiré, tout en caressant ses mains. Il n'était décidément pas avec nous. La lecture du menu n'a pas réussi pas à le faire redescendre sur terre. J'ai fini par en prendre ombrage et me suis retenue pour ne pas le traiter de mufle. Mon ami a tenté une diversion. Le ministre l'a chargé de mettre en chantier les bases de son prochain livre de mémoires.
Rien n'y fait:
- « Quel livre? ... », a-t-il répondu en tombant des nuages.

Novembre - Paris - Une gerbe de roses

Il a fait envoyer une gerbe de roses à la jeune soprano. On s'est empressé de me le faire savoir.

Décembre - Paris – Elf Père Noël...

Elf Aquitaine me propose, afin de remercier sa secrétaire particulière que je sollicite sans cesse pour les besoins de l'entreprise, de lui faire parvenir mensuellement une petite enveloppe de cinq mille francs qui améliorera ses émoluments. J'ai appris que les caisses noires allouées aux ministres servent entre autres à gratifier les secrétaires particulières qui fournissent un plus grand nombre d'heures de travail et de présence, sans pour autant voir leur salaire augmenter. Mais j'ai également appris par des indiscrétions que Roland garde toutes les sommes pour lui sans jamais en faire bénéficier quiconque de son cabinet. J'ai décidé d'informer le ministre de la proposition d'Elf concernant cette embellie pour sa secrétaire particulière. Il m'a paru ravi mais m'a dit de conseiller à la malheureuse employée de partager cette petite somme avec les trois autres qui se relaient pour la seconder. Je me suis bien gardée de rapporter les propos du ministre à la jeune femme, pour ne pas la peiner ou la mettre dans l'embarras.

Décembre - Paris - Une amie qui vous veut du bien

Roland m'a mise en garde, la Rouquine n'est pas mon amie, pourtant j'ai la faiblesse de croire qu'elle me fait une petite place dans son cœur, qu'elle m'offre un peu d'affection, sans parler de franche amitié. Mais elle ne m'a pas choisie. Je lui ai été imposée. Elle fait sûrement bonne figure tant que je demeure dans le cœur de son grand maître Dumas. Il ne faut sûrement pas s'attendre à une once d'humanité ni de féminisme, de la part d'une ancienne mère maquerelle.

On m'a appris que Roland rencontrait souvent la jeune soprano qui chantait si bien ... Mais il s'est vite lassé, l'a délaissée.
Par dépit, la malheureuse vient d'épouser son timide pianiste et le couple s'est installé dans un petit pavillon de banlieue. Il s'y rendrait de temps en temps. Pour prendre des cours de chant. Son mari, au piano les accompagne... Roland comme un coucou chante. Dans le nid des autres !
Mais pour l'amour de l'art !

Décembre - Paris - Une attention très délicate

Je suis fatiguée de l'homme que j'aime, les attentions ou petits gestes qui viennent du cœur ne figurent jamais au programme. Voilà quatre ans que je me désole quand approchent les fêtes de fin d'année. Pas le moindre geste, pas la moindre petite boîte de chocolats. Tout juste un coup de téléphone lointain et poli et un foulard imprimé en nombre à l'effigie du Quai d'Orsay.
Ce matin, on sonne à ma porte. Un coursier me dépose dans les bras une volumineuse boîte en carton, longue et étroite. Une carte de visite « Le ministre d'État, ministre des Affaires étrangères », est accrochée sur le couvercle : « Tous mes vœux. Tendresse. » Je m'empresse, le cœur battant, de détacher les liens. Enveloppées dans du papier de soie : une brassée

d'orchidées. De ma vie je n'en avais vues d'aussi belles. En les disposant dans un vase, je m'en veux de l'avoir maudit si longtemps pour son manque d'attention. Je me dis qu'avec le temps, il finit par apprendre le mot galanterie, par éprouver la joie du bonheur de l'autre. Une enveloppe blanche au fond de la boîte accroche soudain mon attention : « Monsieur le ministre, recevez tous mes meilleurs vœux pour cette nouvelle année. » Signée par l'ambassadeur de France à Singapour. Mon sang ne fait qu'un tour, la déception m'étouffe, j'ai envie de pleurer.

- « Les hommes ne changent jamais… ma belle… croyez-en mon expérience », c'est ce qu'il ne cesse de me répéter. Une belle preuve donnée par le donneur de leçons. Rageuse, j'ai pris ma plume : « Monsieur le ministre… Très touchée par votre délicate attention. Mais je vous en prie, n'oubliez pas de remercier monsieur l'ambassadeur de France à Singapour, dont je vous joins la carte, pour ces magnifiques fleurs. Je ne voudrais pas être la cause d'un incident diplomatique supplémentaire en Asie du Sud-Est. Bonne année. »

Il m'a traitée de petite « bourgeoise étriquée ». Affaire classée.

Année 1992

Janvier - Paris - Un impatient

Roland m'intrigue et quelquefois m'attriste. Quand nous nous retrouvons pour un moment d'intimité, naïve, j'imagine qu'il sera disponible, amoureux, caressant jusqu'à la dernière minute que j'aimerais tant prolonger.

Hélas, je le sens vite dans mes bras s'impatienter. Son esprit est ailleurs. Il devient indifférent. Malicieux, il s'empresse de me donner de petites tapes, en s'écriant : « Allons, la petite, allons, debout ! Au travail ! » Déjà il est sous sa douche et chante à tue-tête. Fini la romance. Rideau ! Monsieur est passé à mille autres choses qui l'accaparent. Et s'il n'y a pas d'urgence diplomatique, il a toujours un énorme appétit pour apprendre encore, travailler toujours. Premier geste, la musique.

Elle l'accompagne partout. Dans toutes ses maisons et aussi dans son bureau du ministère où il s'est fait installer une chaîne des plus sophistiquées. En l'entendant fredonner des airs d'opéra tandis qu'il lace ses chaussures, je pense qu'il m'a déjà oubliée, et que repu et satisfait, il me délaisse. Je pourrais m'en aller, tirer sa porte doucement derrière moi, il ne remarquerait sans doute pas mon absence.

Février - Paris - Ils se frottent les mains...

Et pendant ce temps-là, deux entreprises nationales se frottent les mains et me congratulent pour l'aide que je leur apporte et le bénéfice qui en découle. *(On a vu par combien de milliards de dollars cela se chiffrait).*
Fière, je reçois les félicitations.
(*Cinq ans plus tard, on me mettra en prison.*)

Mars - Paris - Nous ne nous quittons plus

Quand un voyage officiel du ministre s'annonce, je n'ai aucun mal à faire partie des invités à bord. Il devance ma demande. Je me fais alors un peu prier afin qu'il accepte telle démarche ou tel rendez-vous importants pour l'entreprise, dans le pays de destination. J'ai cette chance extraordinaire de pouvoir servir les intérêts d'Elf et de Thomson et, par la même occasion, de suivre les traces de Roland, dont, je l'avoue, je ne peux plus me passer. Nous ne vivons pas ensemble mais nous ne nous quittons plus. Je ne suis plus dupe de rien, ni crédule à l'extrême mais sa lumière m'enchante, ou plutôt me captive, un peu comme celle qui fascine les lucioles les soirs d'été. Roland le sait, conscient sans doute qu'il calcine mon destin.

Mai - Paris - Je rêve de le surprendre

Cette maison de la rue de Lille, c'est pour lui. Il n'y vivra pas, je le sais, mais il a quand même reconnu que j'avais du tempérament, de la suite dans les idées, une belle volonté et que jamais aucune femme ne lui a donné une telle preuve d'amour.
Ma nouvelle vie, je l'ai bâtie avec énergie pour mes enfants et pour lui. Je veux l'étonner, le surprendre. Je suis fière de n'avoir rien à lui demander, de me débrouiller seule. Fière de mon indépendance. Contrairement au reste de son environnement féminin amoureux et familial... totalement dépendant.

Juin - Paris - Un prêté pour un rendu

Il m'a demandé les clefs de mon appartement de la rue de Lille. Il a eu ce culot ! Il apprécie cet endroit que j'ai aménagé avec soin. Pendant le temps qu'ont duré les

travaux il n'a pas arrêté de passer, regarder, s'attarder rêveur. La bibliothèque le séduit. Il aime son volume et sa vue sur jardin, ses hautes étagères en chêne remplies de livres qui recouvrent les quatre murs de bas en haut. Il dit que ce lieu l'inspire et qu'il s'y installera pour écrire. J'ai la faiblesse de croire qu'il dessine pour nous de vrais projets. Ce ne sont qu'illusions. Je refuse catégoriquement de lui donner lesdites clefs.
- « Quand vous me donnerez les vôtres, celles de vos nombreuses demeures, alors vous aurez les miennes. Pas avant. »
Je lui ai rappelé cette anecdote, ce dérapage concernant le changement de ses serrures. Avec désinvolture et assurance il a prétendu ne plus se souvenir de ce détail sans importance.
Je tiens bon…
Lui aussi.

Juin - Paris - La clef refusée

Il sonne à la porte, comme le veut l'usage, un peu contrarié de n'être considéré que comme un simple visiteur, mais n'insiste pas. Peu à peu j'en suis venue à ne plus accepter les nuitées. Depuis quatre ans, il a toujours refusé de bousculer sa vie et d'y mettre un peu d'ordre, je prends la résolution de le pousser doucement vers la porte de sortie après le dernier café ou l'ultime infusion, comme Cendrillon avant le dernier coup de minuit. La clef refusée, et maintenant, privé du plaisir de dormir chez moi, cela en est trop.

Septembre - Paris - Une guerre d'usure

Notre bras de fer tourne à la guerre d'usure. Chacun campe sur ses positions. Je me refuse à me plier à ses exigences et caprices. Insupportable, cet homme courant d'air, navigant d'un foyer à un autre pour visiter ses femmes comme un nabab, à ses heures, au gré de son humeur. Je ne suis plus suffisamment amoureuse pour supporter une telle organisation. En lui fermant la porte de ma chambre, j'espère encore de sa part un sursaut, une prise de conscience, un changement…

Octobre - Paris - Nounours Bonne Nuit

J'ai proposé à une amie d'enfance, dans une galère de recherche d'appartement, de l'héberger quelque temps. En rentrant fort tard d'une soirée, j'ai trouvé mon amie paniquée, et Roland prostré devant son énième infusion, la mine défaite.
- «Je ne sais plus quoi faire… Voilà des heures qu'il t'attend sans parler… Je ne savais quoi dire, ni à quelle heure tu allais revenir. C'est très inconfortable et puis, tu as vu la tête qu'il fait!»

Elle a proposé de s'esquiver et de nous laisser seuls. Je l'en ai empêchée. Il m'a demandé tout de même de le garder, prétextant un surcroît de fatigue et l'heure tardive. Mon amie ébahie et moi avons contemplé le ministre Dumas, vêtu de mon grand tee-shirt de coton imprimé « Nounours Bonne Nuit », pieds nus, déambulant devant nous en sifflotant, comme si tout cela était très normal.
Sur l'un des canapés du salon, je lui ai installé un lit provisoire.

Octobre - Paris - Un ami collant

J'ai tenté une nouvelle manœuvre pour dissuader Roland de s'installer chez moi. Subtile mais pas évidente ! J'ai demandé à un ami, fiable et courageux, beau garçon de surcroît, de venir à un dîner auquel Roland devait assister. C'était un service. Il devait rester jusqu'au bout de la soirée et surtout, impératif, partir le dernier. Il a accepté sans trop bien comprendre. À une heure avancée, les gens ont commencé à prendre congé. Roland, fidèle à sa stratégie d'occupation des lieux, ne bougeait pas. Nous nous sommes retrouvés tous les trois avec mon jeune ami devant une verveine menthe. Comme les sujets de conversation manquaient, j'ai mis un peu de musique pour meubler nos silences. Pensif, mon vieil amoureux, la tasse à la main, les yeux dans le vague, balançait sa tête au

rythme des accords de Chopin, sans rien dire en attendant que mon jeune compagnon s'en aille. L'autre, que j'ai pris soin d'entourer d'attentions pendant toute la soirée pour créer le doute et mettre le ver dans le fruit, commençait à se demander s'il avait eu raison d'accepter de m'être agréable.
Très mal à l'aise, il se tortillait d'une fesse sur l'autre, prêt à se défiler pour sortir de ce piège. De loin, je lui faisais signe de ne pas bouger.
Chaque minute paraissait une éternité. Je me disais que Roland allait s'en aller. Mais mon vieux lion ne cédait pas un pouce de terrain. Au fil du temps qui passait, du tic-tac insupportable de la pendule, du malaise grandissant de mon malheureux camarade qui me lançait des regards désespérés, et de la tristesse que Roland ne savait plus cacher, je baissais les armes et rendis sa liberté au plus jeune qui se rua vers la porte de sortie comme vers une issue de secours un jour d'incendie.

Novembre - Paris - Il ne part plus

Il devient très périlleux de l'inviter à dîner. Il était accoutumé à lever le camp dès sa dernière gorgée de café avalée. Toujours prompt à tirer sa révérence, car allergique aux temps morts. Il a désormais changé de tactique. Il ne part plus, il est vissé au fond de son fauteuil, attendant patiemment que les autres prennent congé jusqu'au dernier. Il parle peu, ne s'intéressant que de très loin aux conversations et je sens son regard rivé sur moi. Il sait que l'issue lui sera favorable et que je n'aurai pas le courage de le pousser dehors.

Novembre - À Tolède - Un petit napperon de lin

À Tolède, nous jouions les touristes dans les ruelles, lorsqu'il a soudain eu envie de me faire plaisir. Il a tenu à m'offrir un souvenir de cette ville dont la dentelle et la broderie sont réputées. Première et unique fois qu'il entre avec moi dans une boutique, qu'il prend le temps de choisir, intéressé, heureux de me gâter. Nous admirons le magnifique linge de maison, nappes de lin et draps brodés de toute beauté que l'on s'empresse de déballer pour nous sur le comptoir. Il a jeté finalement son dévolu sur le plus petit napperon de lin blanc de la boutique. Cela dit, il est si joliment travaillé que je vais le conserver avec tendresse.

Novembre - Afrique

Gérard, le scribe de Roland et moi nous apprêtons à quitter l'Afrique où nous avons escorté notre ministre. Dans nos chambres climatisées nous attendons le signal du départ quand Roland nous fait savoir qu'il veut s'accorder quelques heures de détente balnéaire et prolonge son séjour. Pas question pour autant de payer trois nuitées supplémentaires. Nous devons donc rapatrier nos bagages dans sa suite. Mais, dans les valises toujours sous-peuplées du ministre, pas le moindre vêtement adapté à une séance de farniente sur la plage. Il demande donc à Gérard s'il peut lui prêter quelques effets. S'improvise alors un défilé d'alcôve haut en couleur puisque notre scribe officie en mannequin. Mais rien, a priori, ne séduit Roland apprenti touriste.

Pourtant, à peine Gérard rhabillé, l'œil du ministre s'allume. Les vêtements qu'il veut sont exactement ceux que porte Gérard. Ce dernier se remet donc en tenue d'Adam, ou d'Ève, c'est selon, et notre ministre en fait autant. Nos deux compères en sont là quand on frappe à la porte. Room service? Non. Tout simplement l'ambassadeur de France du pays en question qui s'enquiert de l'emploi du temps de son hôte. Pas troublé pour un rond, Roland l'invite à entrer. Interloquée autant que l'ambassadeur, je me recroqueville sur le bord du lit défait. Il en fait de même. Je guette alors du coin de l'œil mon Roland qui jubile et exhorte l'intrus à la plus grande normalité: «Allez-vous bien cher ami? Prenez notre téléphone. Il faut maintenant, comme convenu, que nous appelions le Président.»

Novembre - Paris - La belle énergie

Dans l'avion Falcon qui nous ramène… Au bout de la nuit, ses collaborateurs, épuisés, dorment, écroulés, la bouche béante, les bras pendants, au fond de leur fauteuil. Durant quatre jours nous avons parcouru des milliers de kilomètres sur le continent africain, ponctués de décollages et d'atterrissages improbables, sur des pistes abandonnées, dans une lumière rendue aveugle par d'épais sables ocres que l'harmattan inlassablement soulève par rafales. Une seule lampe directionnelle dispense sa faible lumière sur un amas de dossiers. Il travaille encore. Il a dû assumer les rendez-vous, réunions, discours, un emploi du temps chronométré, déjeuners, dîners et petits-déjeuners, au pas de charge pendant trois jours. Il accuse des décennies de plus que ces jeunes hommes éreintés mais tient encore le coup. Et, quand il referme un dossier, il s'empresse d'ouvrir, avide et gourmand, un manuel de langues étrangères ou bien ses nombreux carnets de notes intimes qu'il noircit inlassablement. Jamais de ma vie je n'ai vu une telle capacité de travail. D'où peut-il bien tirer cette belle énergie ?

Novembre - Paris - Le ministre est dans la baignoire

Voilà qu'il a imaginé un nouveau subterfuge pour me piéger.
Hier soir, nous venions de terminer un fort sympathique dîner à mon domicile. Parmi les invités figuraient ses amis, les miens, ainsi que quelques diplomates et sa belle-sœur venue pour quelques jours de Bordeaux et que j'héberge. La conversation était animée. Elle s'est éternisée autour d'un bon feu de cheminée. Soudain le ministre s'est levé et a disparu, éclipsé. Il ne revenait pas. Je me suis à mon tour levée pour m'assurer que tout allait bien, qu'il n'avait pas été pris d'un malaise. Il m'a rassurée d'une voix enjouée et claironnante. J'ai rejoint les invités. Un nouveau quart d'heure s'est écoulé. Il ne revenait pas. Les anges n'arrêtaient pas de passer dans l'assemblée. Le malaise grandissait. Je ne trouvais plus de sujet de conversation pour faire diversion. Notre vieil ami Gérard, le scribe, interloqué, est allé devant la porte de la salle de bains où Roland s'était enfermé et a crié à la cantonade :
- « Au revoir monsieur le ministre, c'est Gérard, je prends congé… ! »
La porte de ma salle de bains s'est enfin entrouverte. Au milieu d'un épais brouillard de vapeur d'eau, le ministre l'a salué, enjoué. Il était nu comme un ver et s'apprêtait à plonger dans ma baignoire, dégoulinante de mousse parfumée. Gérard est resté ébahi, le souffle coupé. Il est revenu au salon rosi par l'émotion et m'a suggéré à

l'oreille de reconduire les invités en prétextant que le ministre prenait quelque repos et ne les rejoindrait pas. Content de lui et du tour qu'il vient de me jouer pour obtenir une nuit sous mon toit, le vil coyote sifflote joyeusement un grand air d'opéra en s'adonnant à ses ablutions.

Année 1993

Janvier - Paris - Provoque

Hier soir à l'Espadon, restaurant chic de l'hôtel Ritz, Roland jubilait à double titre :
- « Voyez tous ces bourgeois qui nous regardent et qui se disent : il ne s'en fait pas, Dumas ! Il sort avec de jeunes et jolies femmes qui paient pour lui... »
La provocation est l'un de ses sports préférés.

Janvier - Paris - Trop marginal

Au Quai d'Orsay, creuset de la diplomatie française, son personnage correspond si peu au modèle conventionnel, aux habitudes, aux règles de la maison, qu'il choque bon nombre de personnes. Il détonne...

Je le sais. Trop imprévisible, trop marginal dans sa façon de travailler, de se comporter, de vivre. Un certain « je-m'en-foutisme » élégant, une liberté, une indépendance trop affichée, qui dérangent les règles et le protocole établis.

« Où est le ministre ? » demande-t-on sans cesse.

Il le sait. Mais il n'a pas voulu changer sa façon d'être. Bousculer les convenances surannées de cette institution l'amuse bien. Il faut se rendre à l'évidence et lui rendre hommage, même s'il ne fait pas l'unanimité dans le choix politique des grandes lignes de la diplomatie de l'ère Mitterrand, c'est un talentueux ministre des Affaires étrangères de la France.

Février - Paris – Sex toys

Il est tard dans la nuit. Nous rentrons. Les lumières de la ville dansent dans les reflets humides d'une averse récente. Un silence feutré règne dans la Limousine. À l'avant, le chauffeur et le policier, comme à leur habitude, ne disent mot. Roland, le regard perdu au loin dans ses pensées, étire ses doigts, qu'il fait craquer l'un après l'autre. Soudain, dans la rue Saint-Denis, devant l'enseigne peu engageante d'un sex-shop, il demande que l'on s'arrête. La voiture pile net. Ainsi que la voiture suiveuse qu'occupent deux policiers pour la sécurité. Il me prie de descendre du véhicule et de l'accompagner. Je m'étonne, hésitante. Il insiste. Le

garde du corps s'empresse de nous ouvrir la portière, ainsi que les deux policiers de la deuxième voiture qui déjà nous encadrent sur le trottoir.
Dans l'échoppe, il entre d'un pas assuré. Dans une demi-clarté délavée, je devine trois ou quatre individus. Notre intrusion les a distraits de leur lecture et ils nous observent, interloqués. Derrière le comptoir, un homme jeune nous salue discrètement. Mon compagnon se hâte vers une installation du meilleur goût. Sur des étagères le long d'un mur, sont exposés des modèles divers et variés et de toutes les tailles et couleurs, de ce que l'on nomme godemichés, ou plus élégamment « Sex toys ». Je rougis de honte. Je sens sur moi quelques regards appuyés et concupiscents qui me paralysent. Dehors, la garde rapprochée fait les cent pas, d'un air détaché. Comme si tout cela était normal. J'entends leurs pensées : « Notre boss est devenu fou. Qu'est-ce qu'il ne faut pas faire pour satisfaire les caprices des princes ? »
Planté devant son sordide étalage, Roland s'amuse :
- « Lequel de ces spécimens choisiriez-vous, ma chère ? »
Je m'étrangle et tente de m'éclipser mais il saisit mon bras en m'attirant plus à lui.
- « Allons, de grâce, détendez-vous. Ce n'est qu'un jeu. Vous verrez la suite. Nous allons nous amuser. Aidez-moi donc à choisir l'engin. Celui-ci, qu'en pensez-vous ? »
Il désigne du doigt le plus gros, noir d'ébène, à la taille effrayante. Je veux disparaître. Nous amusons

la clientèle tardive, les esseulés des nuits blanches, névrosés solitaires de l'amour, qui n'ont pas manqué de reconnaître l'homme politique et ne cachent même plus leurs sourires ironiques. Leurs regards me détaillent et me déshabillent. Envie de le gifler, de fuir mais il agrippe fermement ma main. Il fait un signe au vendeur qui s'empresse auprès de nous.
- « Bien ! Nous prendrons celui-ci. Et vous me l'envelopperez dans un papier cadeau, si vous le voulez bien. »
Tête déconcertée du pauvre homme :
- « C'est que, monsieur, nous n'avons pas d'emballage ici. On nous demande rarement de faire des paquets… »
- « Et bien vous allez nous trouver quelque poche ou autre contenant. C'est pour offrir, voyez-vous… »
L'homme disparaît dans l'arrière-boutique et en ressort quelques secondes plus tard, réjoui, brandissant à la main un antique rouleau de papier peint, illustré de guirlandes de roses et de lilas fanés et démodés.
- « Parfait ! Cela fera l'affaire. Emballez-nous ça comme il faut ! », s'écrie le ministre, joyeux en déposant un billet sur le comptoir.
De retour dans la voiture, je suis folle de rage et je me contiens pour ne pas exploser devant le chauffeur.
En s'asseyant, il me regarde, rieur, et me balance la chose sur les genoux, sans un mot. Il m'entraîne chez lui.
Je ne veux pas croire que ce goujat…
Il ne tarde pas à dévoiler ses intentions. Une jeune femme, chargée de mission auprès du président de la

République, qu'il connaît depuis sa plus tendre enfance, lui reproche sans cesse sa pingrerie et son manque de générosité. Depuis quelques mois elle ne cesse de le harceler pour qu'il lui offre une peinture mineure qui figure parmi son immense collection et qui la ravit. Il refuse catégoriquement. Elle ne cède pas, profitant de chaque rencontre dans les couloirs feutrés et discrets de l'Élysée, des dîners ou autres réceptions, pour réclamer l'œuvre en question. Lassé sans doute par l'attitude cavalière et insistante de cette amie, il vient là de trouver le moyen de clore le débat.

- « Vous allez me rendre un petit service, voulez-vous bien ? Voilà, vous connaissez bien madame X? Parfait. Vous allez demain lui remettre ce présent dans son bureau à l'Élysée. Sans omettre bien sûr de mentionner qu'il s'agit d'un cadeau de ma part. »

Février - Paris – Sex Toys (suite)

Aujourd'hui, j'ai passé la porte du « château » en tremblant à l'idée que l'on me demande au contrôle d'ouvrir mon sac.

Roland savait évidemment que madame X avait un certain sens de l'humour, ce qui n'était pas le cas de son époux, jaloux pathologique. Elle a cru un court instant à la remise du paquet à un vrai geste amical de Roland mais elle a déchanté rapidement.

Elle était furieuse… puis elle a éclaté de rire.

Elle a enfermé l'objet douteux dans un placard de son bureau du Palais de l'Élysée, et l'a sans doute oublié. Il doit toujours y être !

Février - Paris - Culture oblige

Dans sa sempiternelle lourde sacoche ministérielle noire chargée d'énormes dossiers - elle ne le quitte pas - s'éparpillent entre des parapheurs, des coupures de presse sur tels ou tels manifestations culturelles, expositions, concerts, qu'il ne veut pas manquer.
Il n'hésite pas à faire des centaines de kilomètres, sous un soleil torride, parce qu'il lui prend la fantaisie soudaine et urgente d'aller se recueillir sur la tombe pavée de mosaïques « d'un admirable mécène », Lucrèce Borgia, par exemple, dans un cloître à Ferrare. Avec un plaisir non dissimulé, il s'entretient à voix basse, quelques instants, au travers d'une grille avec une timide sœur moniale.
Nous faisons des détours insensés dans la campagne allemande du Nord Wurtemberg, pour jouer les romantiques dans la petite ville renaissance de Rothenburg, ou flâner dans les librairies d'Heidelberg à la recherche de livres rares. J'ai toujours à mon chevet un petit recueil de poèmes d'Hölderlin qu'il m'a offert. À Weimar, il évoque Goethe, Schiller et Franz Liszt, Wagner qui s'inspira des lieux pour l'un de ses célèbres opéras. Dans la

forteresse gothique du prince de Saxe Weimar, accrochée sur un promontoire, battue par les vents, il a reçu avec ses homologues polonais et allemand une distinction. Son discours improvisé dans la langue de Goethe a été des plus remarqués. Avant de se retirer, il a demandé que l'on nous conduise dans la cellule de Luther, là même où la légende raconte qu'il jeta un jour son encrier au visage du Diable. J'ai cherché en vain les taches de l'encre sur les murs.

Mars - Paris - Si tu ne m'aimes pas…

Puisqu'il a besoin d'être émoustillé pour avoir sans arrêt l'occasion de me séduire, alors, l'amoureuse que je suis, pour l'attacher, ne plus jamais le perdre, l'inquiète à dessein. Je connais bien dorénavant mon répertoire d'opéra et le rôle de Carmen sur le bout des doigts! « Si tu ne m'aimes pas…Je t'aime… »
Je joue jusqu'à ce qu'il demande, anxieux, si j'ai toujours des sentiments pour lui… Si je l'aime.
- « Vous êtes là pour moi ou pour votre travail ? »
Et perfide, je lui rétorque :
- « Allons, douteriez-vous de votre charme ? Don Juan vieillirait-il ? »

Mars - Paris - J'assume

Une fois de plus, j'ai invité les relations et amis de mon cher grand homme. Il m'a déconseillé le traiteur chinois, un peu *cheap*, et a préféré que je les régale des meilleurs plats et vins millésimés. Pendant que je mets la dernière main à la pâte, toute son équipe d'amis s'occupe à téléphoner au Yémen pour régler le problème de la réhabilitation de la maison où a séjourné Rimbaud, sans me demander poliment si je le permets ou s'inquiéter le moins du monde de la facture de téléphone. Le dîner terminé, les invités sont passés au salon. Le ministre, aussitôt son café avalé, s'est levé et a salué l'assistance. Devant la porte, il m'a demandé de la monnaie pour un taxi. Je me suis étonnée qu'il n'ait pas gardé sa voiture et son chauffeur. Il leur a donné congé pour la soirée. En fouillant ses poches, il a sorti une liasse de grosses coupures coincées dans sa pince en argent de chez Cartier, pour me prouver qu'il était démuni de petite monnaie.

Je lui ai avancé un billet de cent francs. Il l'a saisi et a disparu. J'ai dû assumer les frais de la petite fête jusqu'au bout.

Il m'agace prodigieusement quand il ne cesse de gémir sur ses problèmes de fin de mois car il dit en maugréant que décidément la politique est moins lucrative que son activité d'avocat. Lorsque je lui rétorque qu'il n'a qu'à se défaire de l'une des œuvres d'art qui tapissent les murs du sol au plafond et

vitrines de ses nombreuses maisons, la réponse ne se fait pas attendre :
- « Christine ! C'est comme si vous me parliez de vendre un enfant... »
Aux vieux adages que je ne manque pas de lui servir, à savoir que l'on n'a jamais vu un coffre-fort suivre un corbillard et que les linceuls n'ont pas de poches, il argue immanquablement :
- « Ma génération a une peur irrépressible de manquer. »
C'est sans doute la raison pour laquelle il cache les lingots d'or de sa mère défunte sous son matelas...

Mars - Paris - Portefeuille

La gauche a perdu les élections. Roland n'a pas l'air très affecté. C'est bien la première fois de sa vie qu'il ne souffre pas d'avoir perdu un portefeuille...

Juillet - Paris - On m'envoie un coursier

Alfred Sirven m'a téléphoné pour me dire que l'équipe Jaffré allait prendre la suite. Il m'envoie un coursier pour venir chercher ma lettre de « démission ».

Année 1994

Janvier - Paris - La honte

Quelques semaines après notre retour de Pékin, il y a deux ans, la belle sœur de Roland, ma mère et moi nous étions préoccupées des superbes calligraphies qui nous avaient été offertes en cadeaux et rapatriées par les bons soins de Roland. Il nous avait promis de nous les faire parvenir. Il avait oublié. Nous aussi. Ou plutôt, c'est ce qu'on a cru.
Hier, je découvre, stupéfaite, les quatre calligraphies magnifiquement encadrées, disposées sur le mur de son sous-sol, en enfilade. Estomaquée, je m'exclame :
- « Ça alors, Dumas ? … Et bien vous, on peut dire que vous n'avez pas « chié » la honte ! »
Il ne se démonte pas. Pris en flagrant délit, il assume,

parfaitement à l'aise et me répond :
- « Franchement, il eut été dommage de les dissocier. Voyez vous-même... quel bel ensemble, ne trouvez-vous pas ? »
Je me suis demandée si le vocabulaire français avait prévu un terme assez méprisant pour qualifier une telle muflerie...

Mars - Paris - Solides jalousies

Pervers, mais ludique et raffiné avec un zeste de cynisme. Imprévisible, mais toujours avec panache. Dilettante en apparence et dans une parfaite décontraction, Roland reste sourd et indifférent aux sarcasmes et autres critiques. Ennemi de l'intolérance, il se joue des contraintes et des rumeurs.
Avec constance et opiniâtreté, il conduit sa vie avec volupté, mais à son gré, en hédoniste et parfait égoïste. Sa réussite, ses richesses, cette image de grand bourgeois, ses amitiés, lui valent ainsi de solides jalousies et inimitiés.

Juin - Paris - Le collectionneur

Sa plus belle collection ? Les femmes ? Non. Les œuvres d'art ! Elles constituent sa fierté. Une obsession. Il peut s'en enorgueillir, c'est une réussite.

(Souvent j'ai imaginé la tête d'une Eva Joly, contenant mal sa haine contre les nantis et grands bourgeois, lors des nombreuses perquisitions qu'elle a faites aux trois domiciles de Roland Dumas.
Elle a dû voir rouge et éprouver de sévères tachycardies…
Malheureuse femme !
Dur métier quand certaines perquisitions se transforment en inventaire ! Je n'oublie pas sa fureur acharnée chez moi, durant des heures, aidée d'une armada d'experts, décontenancés devant une paire de colonnes de bois sculpté.
- « Époque Ming ? Hein ??? Ming, n'est-ce pas messieurs ??? »
Elle hurlait, avec des regards de rage à mon encontre. Deux piliers achetés six cents francs aux Puces de Clignancourt, sortis d'une démolition d'un restaurant chinois !
Chez Dumas ?
Eva Joly dans la caverne d'Ali Baba !
Une belle occasion en tout cas pour elle de se cultiver un peu.)

Juillet - Bayreuth - Le bel canto

Aux côtés de ce mozartien accompli, j'ai découvert Salzbourg et ce Don Giovanni inoubliable mis en scène par Chéreau. L'Opéra Bastille mais aussi la Scala de Milan, Vienne, le Metropolitan de New York, Covent Garden à Londres, Modène, Zurich, Genève… Du temple de Wagner à Bayreuth où nous avons assisté à la première de Lohengrin, nous nous sommes envolés pour l'Italie, les arènes enflammées de Vérone. Aïda!

L'opéra est devenu, grâce à lui, à mon tour, ma vie, ma famille. Sans lui, je sais que je ne pourrai plus jamais franchir la porte d'un théâtre. Sans lui à mes côtés, quand l'orchestre et les voix, ensemble, atteignent ce moment précis, impalpable, magique qui vous transporte dans un frisson. Sans lui pour me prévenir, me tenir en haleine et me faire partager la phrase musicale sublime, en serrant fort ma main. La musique passe à travers lui, comme un filtre, avant de me rejoindre, et je sais qu'un jour, seule dans ces endroits je me sentirai orpheline.

Septembre - Paris - Amore...

La Rouquine vient de s'éprendre d'un nouveau et prometteur jeune ténor, Roberto Alagna. Elle a traîné d'abord des pieds considérant qu'elle avait assez donné avec les anciens. A l'en croire, elle n'a plus l'âge pour une nouvelle passion. Mais elle ne peut résister longtemps aux délicieux frissons que lui procure une voix. Le nouveau et impétueux prodige rentre dans sa famille. Il est adopté.

Novembre - Paris - Il riait

Hier, Roland riait :
- « Vous verrez ma chère, quand je ne serai plus… les hommes tourneront autour de vous… intrigués. Ils se demanderont : mais qu'est-ce qu'il lui faisait, ce vieux salaud, et elle, qu'est-ce qu'elle pouvait bien lui donner ? Ou lui trouver ? … »

Ce qu'aucun autre homme ne pourra jamais m'offrir… De m'être sentie femme pendant le temps où il m'a délicieusement aimée.

Année 1995

Janvier - New York - Caprices

La Rouquine s'est mise en quatre pour marier son protégé et satisfaire les caprices d'une dulcinée soprano d'origine roumaine. C'est à New York et par le maire lui-même, que la fiancée a voulu que son mariage soit célébré avec notre Roberto, étoile montante. Notre vieille amie a alerté toutes les ambassades pour régler les formalités et combler les désirs de la jeune diva. Elle et Roland étaient leurs témoins aujourd'hui. On a profité de la cérémonie de gala du vingt-cinquième anniversaire du Maestro James Levine au Metropolitan Opera, où notre jeune couple se produit parmi tant d'autres artistes. Dans le bureau du maire, au moment des signatures, une secrétaire ayant omis de joindre un document officiel, le mariage a été suspendu. Tard dans la nuit, à la fin du spectacle, le maire de New York, le papier manquant enfin retrouvé, a marié nos tourtereaux dans le bureau du directeur du Metropolitan opera. Ils ont échangé leurs anneaux après avoir divinement interprété le duo de l'Ami Fritz.

Février - Paris - Sans jamais éprouver de l'ennui

Pour me consoler de n'avoir pu me donner davantage de sa vie, il m'a dit l'autre soir, après presque dix années :
- « Rendez-vous bien compte, vous êtes la personne avec laquelle j'aurais passé le plus de temps et ce, sans jamais éprouver le moindre ennui. »
Venant de lui, c'est le plus beau des compliments.

Mars - Paris - Nomination…

Roland a été nommé à la présidence du Conseil constitutionnel.

Mai - Paris - Porte dérobée…

Il m'a avoué qu'il délaisse parfois ses dossiers pour ouvrir, gourmand, une petite porte dérobée qui

donne de plain-pied dans les couloirs de la Comédie française.
À pas feutrés, il se faufile dans la salle pour savourer un spectacle ou une répétition.

Juillet - Paris - Amore…

Miracle! Le seul présent que j'ai eu le bonheur de recevoir de lui! Une bague pour mon anniversaire, au bout de huit ans. Enfin un cadeau personnalisé pour une telle occasion, et choisi avec amour... Un cabochon en or recouvert de trois saphirs taillés en losange.
Je n'en croyais pas mes yeux… «Une bague de fiançailles, Roland Dumas, au bout de tant d'années!»
Je l'ai taquiné en l'embrassant.
- «Tout arrive un jour, trésor… à qui sait attendre.»

Août - Paris - On ne se refait pas…

Il y a quelques jours, j'ai appris malencontreusement, par l'intéressée elle-même, la Rouquine, qu'il a chargé sa vieille amie et complice de cet achat et qu'il ne l'a pas remboursée!
Cet homme est infirme lorsqu'il s'agit de sortir son porte-monnaie. Surtout en ce qui concerne « les futilités féminines»…
Au-dessus de tout ça.

Septembre - Paris - Un mufle...

Roland est un mufle. Depuis près de dix ans, il vient très régulièrement dans notre maison familiale où il dit se sentir comme chez lui. Ma mère lui mitonne de bons petits plats (omelettes aux truffes à tous les repas), l'y reçoit du mieux qu'elle peut. Pourtant, en retour, jamais une fleur, une bonne bouteille ou le moindre chocolat. Là, elle passe à Paris, il l'invite enfin à l'Opéra Bastille pour une représentation de Manon Lescaut. Puis, à dîner au restaurant après le spectacle. La Rouquine et moi sommes bien sûr de la fête. Les billets, c'est elle qui s'en est occupée. Quant aux agapes, mon Roland, après avoir fouillé ses poches désespérément, m'a laissée régler l'addition.

Septembre - Paris - Mon cher filou...

La Rouquine s'est coupée et m'a avoué qu'il l'avait chargée de l'achat de la broche qu'il a offert à ma mère il y a quelques années, et bien sûr il ne l'a jamais remboursée. Plus rien ne m'étonne. Pas plus que je n'ai été surprise quand, l'autre jour, il m'a proposé un viager de son appartement de l'Île Saint-Louis, de la main à la main, sous la table. Il m'a dit pour m'attendrir que ses plus beaux souvenirs avec moi sont dans cet endroit et que moi seule mérite d'en avoir la jouissance après sa mort.

Dumas, mon cher filou! ... Il me prend vraiment pour une c...
L'amour rend bel et bien aveugle et je ne cesse de lui trouver des excuses. Je minimise les faits, je me dis qu'il joue la provocation, qu'il joue tout court. Mais il y a d'autres faits, des attitudes sans ambiguïté...

Année 1996

Paris, 8 janvier 1996

Le président Mitterrand vient de décéder. Roland m'a appelé ce matin, la voix étouffée de chagrin, pour m'annoncer la mauvaise nouvelle. Il était dans sa maison du Bordelais et n'a pu se rendre à temps au chevet de son ami. Il a veillé le corps et est venu sur les coups de vingt heures frapper à ma porte, pour un peu de réconfort. Il se tenait sur le seuil, voûté, le teint pâle, amaigri. Je l'ai serré dans mes bras. Mes fils se sont éclipsés dans leurs chambres respectives. Dans la cuisine, j'ai disposé son couvert et je me suis empressée de lui servir une soupe chaude et un morceau de fromage. Il est resté là, devant son assiette, le visage figé comme un masque, le regard fixe et mouillé. Il se taisait.

Assise à ses côtés, j'ai posé, de temps en temps, ma main sur la sienne. La dernière gorgée de café avalée, il s'est levé péniblement. Il paraissait accablé et vieilli. Je l'ai aidé à enfiler son manteau et l'ai reconduit à la porte.

Janvier - Paris - Insoutenable tristesse

Lendemain de l'enterrement, alors que je rentre à mon domicile en fin d'après-midi, un de mes fils, inquiet, me prévient. Roland est là et il ne va pas bien. En traversant l'appartement, il a semé sa sacoche, son manteau, plus loin ses chaussures, puis sa cravate noire, sa chemise. Je suis ses effets qui jonchent le sol, jusqu'à ma chambre à coucher. Au beau milieu de mon lit, enfoui sous ma couette, il dort à poings fermés.
Je le regarde dormir. Pendant ces dix années passées auprès de lui, il a toujours été là, assidu et constant. Il me prenait souvent l'envie de le tenir dans mes bras. Au creux de mon épaule, il s'abandonnait, comme un enfant. Il baissait la garde. Et moi, le cœur gonflé d'amour et de tendresse, je me disais que j'étais folle.
Je lui ai dit: « Tu es un démon, tu m'as ensorcelée.
Il a murmuré:
- «Qu'as-tu contre le diable? N'oublie pas que c'est un ange déchu… Donne-moi cette affection… Un jour, tu écriras un livre contant notre histoire. Tu l'intituleras: le diable en deux.»

Août - Périgord - Rumeur

Roland a appris que les couloirs du Palais de justice, et les coulisses du pouvoir politique, bruissent d'un complot monté contre lui. Règlements de compte politique.
Sa nomination au poste de président du Conseil constitutionnel, dernier cadeau de son ami défunt François Mitterrand, n'est probablement pas du goût de tout le monde. Jospin pratique « un droit d'inventaire ». Il s'inquiète.
En ce moment, je ne le vois guère. Il a renoncé à venir me rejoindre dans le Périgord. Il ne me propose pas non plus de le retrouver dans le Bordelais, ou sur le Bassin d'Arcachon, comme nous en avons l'habitude. Les coups de téléphone s'espacent. De bonnes âmes bien informées ne manquent pas de m'alerter en plein mois d'août : Don Juan s'affiche dans divers restaurants bordelais en compagnie d'une jeune et jolie blonde.

Septembre - Paris - Cabale

J'ai bondi dans l'Île Saint-Louis, son repaire qu'il surnomme « la grotte de Fafnir », en référence au dragon dans Siegfried de Wagner. Il m'attendait. Très vite, il a compris que je n'ai pas le cœur à fêter nos retrouvailles. J'attaque direct sur la dulcinée.

- « Jalouse, trésor ? … »
J'étais un peu dépitée, il faut bien l'avouer.
Très vite, il prend un ton rassurant et s'explique :
- « Je vais avoir des ennuis. On a monté des dossiers contre moi. Et je pense que notre relation et vos activités professionnelles dans l'entreprise pétrolière… vont me poser problème. J'ai pensé qu'il était plus prudent que l'on ne nous voie plus ensemble pendant quelque temps. Plus prudent aussi de m'afficher avec une autre, pour donner le change. »
- « Mais en quoi ma vie et mon travail seraient-ils mêlés à vos histoires ? Qu'est-ce que j'ai à voir dans tout ça ? N'est-ce pas tout simplement un prétexte ? »
Il sourit et s'amuse de mon trouble. Je m'extirpe de ses bras qui m'enserrent :
- « Vous êtes un salaud, Dumas ! », je tente de m'enfuir.
Mais il me rattrape :
- Vous me flattez, ma chère. Mais croyez-moi, vous êtes en deçà de la vérité. »

Année 1997

Septembre - Paris - Courage, fuyons

Roland se fait de plus en plus rare à mon domicile de la rue de Lille. En Dordogne, il ne pousse plus le vieux portail de fer. Il déserte. Il se contente de nous passer quelques coups de téléphone laconiques. Il ne s'intéresse plus aux études de droit de mon plus jeune fils, en deuxième année à la faculté d'Assas qu'il a chaudement poussé dans cette voie. Il sait que je suis désormais dans le collimateur de deux furieuses magistrates qui ont jeté leur dévolu sur moi pour mieux l'attraper.

Octobre - Paris - Cabale (suite)

Hier, nous dînions chez des amis communs. Sa groupie, la Rouquine, était de la fête. Ils m'ont entraîné tous deux à l'écart dans un coin discret. Roland m'a semblé tracassé.

- « Voilà, Eva Joly est déchaînée. Vous allez probablement être convoquée. Elle va vouloir vous entendre. »

Inquiète, je lui ai demandé ce que je risquais.

- « Une perquisition, tout au plus... Rassurez-vous... C'est moi qu'elle cherche. »

Octobre - Paris - A l'affiche

Ce soir nous étions au même concert : le Requiem de Verdi, à Pleyel.

- « Vous ne craignez pas que l'on nous voie ensemble ? »

- « Il est vrai qu'en s'affichant ainsi, difficile de savoir qui fait le plus de tort à l'autre... »

À la fin du concert, avant que les lumières ne s'allument, nous avons quitté la salle en rasant les murs. Nous nous sommes retrouvés tous chez moi, avec le ténor, pour un dîner. Avant de prendre congé, discrètement, Roland m'a demandé de mettre de l'ordre dans mes papiers et autres documents.

- « Si la perquisition avait lieu chez vous, j'aimerais autant que l'on ne trouve pas les courriers intimes que je vous ai adressés, et nos photos. »

Ce soir, j'ai donc décidé de remplir des sacs entiers de ses lettres, documents photographiques nous représentant ensemble et autres pièces personnelles concernant mon travail dans l'entreprise Elf, pour les mettre à l'abri. La gardienne de mon immeuble, en raison d'une surveillance policière, enquête de voisinage, est missionnée par la police pour noter et rapporter tous mes faits et gestes. Elle y met tout son cœur. Une vraie caricature!
Dans notre immeuble, un ami psychanalyste, médecin de l'un de mes fils, qui connaît de longue date Roland Dumas et appartient à la même loge, se propose gentiment de réceptionner et de cacher dans sa cave les précieux documents.

Novembre - Paris - Ne t'en fais pas

Cette nuit, par les sous-sols communicants, nous avons déménagé deux énormes baluchons. Dix ans de ma vie. J'ai eu le pressentiment que c'était ma dernière soirée avec Roland Dumas. Près de la porte où je le raccompagne, il me serre dans ses bras et me souffle à l'oreille:
- «Ne t'en fais pas… Nous en aurons bientôt fini avec cette Eva Joly. Sois courageuse. Quand tout ça sera fini, nous ferons ce voyage à Salamanque que je t'ai promis.»
(Je ne l'ai plus revu jusqu'au procès.)

Novembre - Paris - On sonne à ma porte

Six heures du matin, on sonne à ma porte. Six policiers entrent. Ils fouillent partout devant mes enfants apeurés.

Novembre - Paris - La chèvre est au piquet

Ils m'ont emmenée à la Brigade financière et, au bout de quarante-huit heures, dans le bureau d'Eva Joly. Ensuite, à deux heures du matin, j'ai été transférée à la prison de Fleury-Mérogis contre l'avis du parquet, après m'avoir « cuisinée » sur Roland Dumas.
La chèvre est au piquet.

Novembre - Paris - Pas un signe

Visite au parloir de mon plus jeune fils, Philippe, je m'étonne quand il me rapporte que Roland ne se manifeste pas auprès d'eux. Mes enfants réunis chez nous avec ma mère se serrent les coudes dans ce malheur et devant cette tempête médiatique et judiciaire. Ils tiennent bon, seuls, isolés, car plus personne ne vient frapper à notre porte, ni prendre de nouvelles. Cette affaire et la tournure qu'elle prend effraient tout le monde. Et surtout, pas un seul signe de Roland pour les soutenir ou les encourager.

Je ne veux pas croire à autant d'indifférence, aussi brutale, ni à une telle lâcheté. Je me dis qu'il attend que tout se calme un peu.

Année 1998

Avril - Paris - Six mois de prison bientôt

Bientôt six mois d'incarcération, il ne s'est pas manifesté une seule fois, auprès des miens.
Pas un seul coup de téléphone à ma mère ou à mes deux fils.
J'ai transmis, avec tous les risques que cela comporte, une lettre testament, finement pliée, écrite dans ma cellule, à mon jeune fils Philippe. Il doit la remettre à l'avocat qui en fera bon usage si je viens à disparaître.
(*Le psy interceptera la lettre que mon fils naïf lui confie et, au lieu de la remettre à mon conseil, l'apportera directement à Roland Dumas !*
J'attaque violemment les magistrates, et, sur quelques lignes, innocente, j'encense Roland, encore confiante, dévouée… naïve que je suis.

Quelques mois plus tard, Dumas fait paraître copie de cette missive dans VSD.
Son visage sourit avec en gros titre: «La lettre qui m'innocente.»
Il la remet aussi à Karl Zéro et un dimanche dans l'émission du Vrai journal. Je la découvre, atterrée, qui défile en plein écran.
Un vrai choc, comme un viol!)

Au-delà de ma propre défense, sans plus aucune stratégie, et sans plus d'avocat, au-delà des griefs contre la Rouquine et le psychanalyste, que je ne perçois plus que comme de pitoyables déchets de l'humanité, mon ressentiment va grandissant contre Roland à qui je ne pourrai jamais pardonner.
Le vocabulaire français n'a pas de mots suffisamment justes et forts pour décrire son comportement. Comment ai-je pu me tromper à ce point sur le personnage, pendant dix ans?
Je n'ai plus qu'une idée en tête: le punir.
Non seulement il ne m'a jamais défendue, aidée, mais au contraire il m'a laissée, il m'a trahie. Pas la moindre reconnaissance pour mon silence, pour notre passé… pas la moindre humanité pour ma famille qu'il disait sienne!

Mai - Paris - Au parloir

Ce matin, au parloir, mon avocat, qui est aussi l'un de ses amis, a extirpé de ses dossiers, avec mille précautions et en me soufflant à voix basse que c'est la première et dernière fois qu'il prend un tel risque, une lettre pliée. Roland m'écrit. Elle est adressée à l'avocat: «Cher maître et cher confrère...» Il dénonce l'acharnement de certains magistrats et l'arbitraire de la détention provisoire dans certains cas. Il signe.
En bas de la page, un PS: écrit en langue russe m'est destiné. Il me soutient, fait appel une fois de plus à mon courage. Il évoque notre futur voyage à Salamanque que nous ne manquerons pas de faire à ma sortie de mes quartiers de Fleury-Mérogis...!

Mai - Paris - Eva fait joujou

La sortie de prison s'est faite en fanfare. Presse, journalistes et photographes. Et surtout une armada de policiers.
Partout, dans la rue, sur les toits, dans l'hôtel d'en face, nuit et jour, aux aéroports. Eva Joly fait joujou et met en scène un remake de Bonnie & Clyde.
La Justice est en pleine folie!!!
Interdiction m'a été notifiée de quitter le territoire et de croiser Dumas, sa famille, nos amis et une quinzaine d'autres personnes dont certaines que je ne connais

même pas… (*Pour l'anecdote pendant des années, me trouvant dans toutes sortes d'assemblées, je me suis vue contrainte de demander à des personnes que je ne connais pas leurs noms afin de vérifier s'ils ne figuraient pas sur la liste interdite de Madame Joly… Je ne pouvais pas prendre le risque de me retrouver sous les verrous pour avoir bravé sans le vouloir l'interdiction de Joly.*)

Mai - Paris – La missive dans le slip

Hier soir, Roland s'est enfin manifesté par l'intermédiaire de l'un de ses amis, architecte, qui est venu me rendre visite à mon domicile, se jouant des escadrilles des forces de police stationnées au pied de mon immeuble. Je suis encadrée comme un dangereux tueur. Il m'apporte une lettre. La peur au ventre, le pauvre homme a caché la précieuse missive au fond d'un slip kangourou bien serré pour éviter qu'elle ne glisse ou s'échappe. En tremblant, il me la tend avec la consigne de la brûler devant lui, aussitôt que j'en aurai pris connaissance. Mon amoureux me félicite pour mon silence pendant ma détention. Il me dit qu'il reconnaît bien là la femme courageuse et magnifique qui ne l'a jamais déçu. Il ajoute qu'il faut continuer dans cette voie et qu'il ne doute pas de ma constance et de ma fiabilité. Je profite du frileux émissaire pour lui écrire en retour.

Pour éviter de retourner en prison, je dois m'acquitter rapidement d'une somme d'un million de francs. Je lui demande de l'aide, car je ne peux pas justifier de chèque certifié, j'insiste sur le fait qu'une nouvelle incarcération s'avèrerait extrêmement difficile à assumer, surtout pour mes fils et ma mère. Il n'a pas répondu.

Mai - Paris - La putain de la République

Je me suis attelée à l'écriture de mon livre afin d'obtenir un à-valoir conséquent d'un éditeur. Le psychanalyste, qui m'a aidée à déménager mes documents, mon voisin, son ami, me conseille de choisir le titre de « Putain de la République », qualificatif dont une des magistrats m'a affublée...
J'espère un gros tirage, et un à-valoir plus conséquent. Mon avocat, Maître Farthouat, ami de Dumas, s'est opposé à l'écriture de ce livre. Il a tenté plusieurs fois de demander une aide financière à Roland Dumas, en vain. J'ai réussi à obtenir six cent mille francs des éditions Calmann-Lévy. Il me manque quatre cent mille pour compléter le montant de la caution. J'ai décidé de vendre des photos à Paris Match qui se chargera aussi du lancement du livre. J'ai soumis le projet à Roland par le biais de l'avocat et du psychanalyste. Il a pris connaissance des documents photographiques. Il n'a rien contre.

Il préfère définitivement la publication de nos photos intimes plutôt que d'avoir à assumer une aide financière. Une des photos pourtant le dérange.
À cause de sa famille... Il est bien temps de s'en préoccuper. Ma famille et moi éprouvons des soucis bien plus graves : les barreaux de la prison ! Sur la photo, nous sommes en maillot de bain sur une plage des Landes. Roger Théron, patron de Match m'a reçue à deux reprises. Si je veux obtenir cette somme de quatre cent mille francs, il veut que, dans le lot, figure cette photo-là. Eva Joly, de son côté, me met une sacrée pression. Le compte à rebours est commencé. Il faut faire vite.
Je vais accepter. Je n'ai pas le choix. Roland préfèrera cette solution à une aide financière. Et puis il devrait succomber à un petit plaisir narcissique, les photos sont à son avantage. On y découvre un homme épanoui et heureux.

Mai - Paris - Monsieur Dumas peut être content de vous

J'écris mon bouquin dans une liberté plus que relative. L'avocat lit et relit chaque page. Je le soupçonne d'ailleurs de transmettre chaque feuillet à son ami Roland.
À la lecture des premières épreuves il s'est exclamé :
- « Monsieur Dumas peut être content de vous ! J'aurais aimé qu'une femme écrive de si belles choses

sur moi ! C'est une sacrée preuve d'amour. J'espère, chère Madame, que vous recevrez des roses, bientôt, en remerciements... Vous le méritez. »
(Je n'ai jamais reçu de fleurs).

Octobre - Paris - Quand l'amour se fait crime

Le livre a fait grand bruit. Hormis la souffrance de la détention et des mauvaises conditions de vie dans les prisons françaises, je n'y aborde pourtant aucun sujet d'importance. Il m'est difficile de dévoiler les vrais dessous de cette affaire d'État, je ne comprends pas pour qui « roule » la Justice et pourquoi tout le monde m'empêche de parler, pourquoi on va jusqu'à me menacer de dix ans de prison.
Et puis, ce que je dis dans ce livre, c'est mon amour pour lui. Un crime !

Novembre - Paris - Dumas dérape

Roland Dumas dérape, tout bascule, d'autres incidents sont venus se greffer sur notre histoire. L'affaire Dumas Deviers Joncour prend une drôle tournure, elle est en train de se transformer en affaire des frégates à Taïwan et de révéler une corruption généralisée dans les hautes sphères de notre République.
Dans tout cet imbroglio, je suis le petit grain de sable

auquel on n'avait pas pensé, ou que l'on a sous-estimé, et qui, pour se défendre, va finir par dévoiler le plus gros scandale de notre Cinquième République. Les mœurs sont en train de changer. Roland m'a souvent dit que les aventures amoureuses des hommes politiques sont toujours perçues par les Français avec bonhomie, sympathie et amusement. Comme si les prouesses coquines de leurs dirigeants, leur virilité, faisaient bon ménage avec leurs responsabilités et leurs fonctions.
Cocorico !

Mais là, soudain, tollé général ! À l'anglo-saxonne ! Honte sur ce ministre des Affaires étrangères qui a osé mêler vie privée et vie professionnelle. Et avec une femme qui travaille pour une entreprise nationale ! La presse se déchaîne et fait couler de l'encre. Les politiques, de gauche comme de droite, rengainant souvent leur propre vie dissolue, se targuent de donner des leçons de morale : Dumas a pêché, Dumas s'est mal conduit… ! Il a une maîtresse le vilain !
Et la femme qui a aimé cet homme-là, hors du mariage, ne peut être qu'une voleuse ou une sorcière. Je deviens « courtisane ou putain ».
Contre Dumas, des tribunes se soulèvent comme de vagues relents nauséabonds d'un autre temps, violents, détracteurs, comme si soudain chacun prenait la mesure de ses propres faiblesses ou manquements. Il faut expier.

L'affaire Dumas Deviers Joncour sert à nettoyer les dérives du mitterrandisme, les dérives en général. Je ne suis pas dupe. Qu'ai-je fait ? Je n'ai toujours pas compris aujourd'hui ce que l'on me reproche. Deux entreprises nationales m'ont embauchée avec des contrats de travail en bonne et due forme. J'ai fait les relations publiques d'Elf Aquitaine et j'ai aidé à réaliser le plus gros contrat public de cette entreprise en participant à la vente des frégates à Taïwan. Il faut que j'expie, mais quoi ?

Novembre - Paris - J'ai peur

On m'a versé une commission légale sur la vente des frégates et je vais la rendre parce que j'ai peur. Je suis une chèvre émissaire alors que huit milliards ont été détournés des caisses de l'État. On pratique un droit d'inventaire généralisé.
La classe politique devient prude et transparente, le conformisme, le politiquement correct, gagnent du terrain et on dénonce le dernier renégat : Roland Dumas ! Tous ces messieurs qui nous gouvernent en sortiront immaculés.
C'était à celui, les hypocrites, qui monte le plus vite en tribune, le doigt pointé, pour pousser sa tirade moralisatrice.
La Justice, elle, par le biais de ses deux magistrates redresseuses de torts, Saint-Just en jupons, pas très

claires, gagne des galons auprès de l'opinion publique. Tous, soudain, rentrent, j'en suis sûre, sagement, chaque soir, à la maison retrouver leur foyer et foulent même le seuil de l'église en famille le dimanche!
(*J'aurais du m'installer dans le bureau contigu de mon ministre d'amant et avoir un salaire pour ça qui ne relèverait pas de « l'abus de bien social ». Mieux, j'aurais du être une légitime! Les femmes ont raison de mettre sous haute surveillance les hommes de pouvoir. Le pouvoir a tendance à décupler les pulsions sexuelles de ces messieurs. Je leur souhaite bon courage.*)

Novembre - Paris - L'hallali

Le vieux cerf Dumas est cerné de toutes parts par ces donneurs de leçon, tiré à hue et à dia, détracté, mis à l'index. Il courbe le dos sous l'opprobre, comme le ferait un enfant pris en flagrant délit les doigts dans le pot de confiture. Il prend peur, je le sais. Certains torchons vont jusqu'à dire qu'il est mon père pour nous salir davantage.
Ma mère est effondrée. L'affaire Mazarine a déclenché des polémiques et provoqué tant de remous, cette nouvelle vague contre la gauche reçue de plein fouet, ébranle Roland qui cherche une parade, dans l'urgence, dans la panique. Il contre-attaque et ne propose rien de mieux qu'une feinte puérile, pour esquiver les coups en déclarant à pleine voix:

- « Cette femme était une maîtresse parmi tant d'autres… Je n'ai jamais laissé aucun vêtement chez elle. Elle est mythomane. »
Mais oui ! Un bel exemple de chevalerie. Le coup est rude pour moi. Je manque de suffoquer. Après la surprise… la colère et la rage. Et peu à peu la peine, le chagrin.
Il vient, pour se défendre, maladroitement, de rayer en une phrase dix belles années d'amour, de confiance, de tendresse, de souvenirs. C'est l'horreur. Je ne sais ce qui me fait le plus mal, les six mois de prison ou la lâcheté de cet homme. Il s'enfonce davantage aux yeux de l'opinion publique, passe pour un mufle et un lâche. L'effet escompté pour se soustraire, se justifier et me charger, se retourne contre lui. Il a pourtant à disposition d'autres armes plus nobles pour se battre : la vérité ! Il lui suffirait de dire « et bien oui, je l'ai aimée. Est-ce pénal ? Et bien oui, son travail était un vrai travail… » Il a choisi de me lâcher, de se cacher pitoyablement derrière des mensonges auxquels personne ne croit. Il donne du grain à moudre à deux juges en délire et à une justice dans le désordre. Il ne grandira pas son image comme ça.
Ils y tiennent pourtant tellement à leur image !

Année 1999

Janvier - Paris - Trahison

Je ne suis pas au bout de mes peines, hélas. La Rouquine, à qui j'ai confié de l'argent avant mon incarcération pour subvenir aux besoins de ma famille en cas d'ennuis, a remis en totalité cette somme à mon voisin le psychanalyste contre la restitution des documents que j'ai confiés à cet énergumène. C... P..., ancien gendarme dont l'épouse travaille au Quai d'Orsay auprès du ministre Dumas, s'est vu confier la mission de récupération. Il aurait reçu une somme rondelette prélevée sur mes fonds pour ce travail.

Février - Paris - Il ne bougera pas

La Rouquine m'a appelée aujourd'hui. Elle m'a raconté par le menu, en me reprochant d'avoir trop photographié notre grand homme et conservé ses lettres d'amour. Comment, elle et son complice Roland Dumas, ont tout récupéré et brûlé dans un grand feu de cheminée mes photos de vacances, de fêtes, de Noël avec mes enfants, des courriers, ses lettres d'amour, des notes intimes...Et surtout, les preuves de mon travail chez Elf. Coup de poignard! La joyeuse équipe n'en a pas fini avec moi. Je subis une terrible pression et un chantage odieux du psychanalyste *(faux ami)* qui veut récupérer mon argent de la commission des frégates de Taïwan. Je supplie la Rouquine de faire passer le message à Dumas afin qu'il règle ce problème, puisqu'il connaît bien l'individu. Elle me dit qu'il va s'en occuper, il en a les moyens.
La Rouquine s'est faite la porte-parole de ce pitoyable maître chanteur. Ils semblent tous d'accord, le psy, la Rouquine et Dumas, pour se partager cet argent qu'ils me demandent de rapatrier, après m'avoir dépouillée de tous mes documents et souvenirs.
J'ai décidé de donner à la Justice l'argent de la commission des frégates, afin d'éviter qu'il ne tombe dans la poche de mes faux amis. Dans la foulée, j'ai récusé mon avocat pour assurer ma défense... en toute liberté.

Mars - Paris - Sophie me sauve

J'ai trouvé une perle : maître Sophie Bottai.
J'ai porté plainte pour vol, menaces et chantage contre ce psychanalyste d'opérette et de série B.
Le juge Courroye instruit.
Le psy a été mis en examen ainsi que la Rouquine. (*Elle bénéficiera d'un non-lieu, après avoir menti effrontément et tout nié en bloc. Devant un tribunal chargé de juger un voleur, un escroc, un maître chanteur, le psychanalyste d'opérette est relaxé, avec les compliments du procureur ! Dans cette enceinte, une fois de plus, je serai traitée de mythomane*).

Juillet - Paris - Un contrat sur ma vie

Je me suis mise à écrire un roman fiction sur cette affaire.
J'y malmène l'un des personnages, homme de pouvoir.
Et je viens précisément d'apprendre que l'on a mis un contrat sur ma vie.
On m'a dit qu'il n'était pas question de « m'éliminer, mais de me paralyser les jambes ! »
Le « nettoyeur » a été bloqué in extremis par des anciens des services secrets, qui ont quelque sympathie pour moi. Le nervi « secoué » a fini par avouer les noms des commanditaires …
Je pense à une galéjade ou à un mauvais film.
Je ne peux pas le croire…

Août - Paris - Aime-t-il toujours les truffes?

On me raconte aussi qu'un vieux militaire à la retraite est parti sans attendre faire une petite visite de courtoisie dans le Bordelais à l'une de ses vieilles connaissances. Après s'être enquis de sa santé, il lui a demandé «s'il aimait toujours les truffes...» Ce dernier a acquiescé, un peu surpris. Il lui a conseillé «de ne plus tenter de toucher un seul cheveu de Christine, s'il ne veut pas finir par savourer cette précieuse et odorante denrée par la racine».
Je ne veux pas croire à cette histoire.
Pourtant, comment ne pas croire en la parole d'hommes qui m'ont fait livrer un gilet pare-balles tant ils sont inquiets.
Comment ne pas croire un vieux général lorsqu'il atteste pour la Justice qu'un contrat a été mis sur ma tête.

Septembre - Paris - Unis pour le pire

Dans ce procès qui nous unit pour le pire, je ne peux, hélas, que défendre Roland puisque nous savons qu'il n'y a rien dans ce dossier. Rien de répréhensible pénalement. (*La preuve: il sera relaxé*). Mais toute cette poudre aux yeux cache d'autres enjeux, d'autres affaires, et une immense corruption sur le marché des frégates.

Nous sommes des boucs émissaires et nous le savons. La leçon que j'aimerais lui donner sera à la hauteur du mal qu'il m'a fait et me fait sans relâche.
(*On n'a jamais compris pourquoi à la fois je l'ai enfoncé et défendu. On me taxait de menteuse, de versatile. Je voulais l'atteindre, je voulais l'affaiblir, mais pas dans le cadre de cette affaire judiciaire complètement pipée. Au milieu de tous ces pièges, alors que je prenais tous les risques en dénonçant la corruption politique, assaillie de toutes parts, de coups bas venus des proches et de la Justice, le président Roland Dumas trônait dans toute sa majesté sur son siège du Conseil constitutionnel, intouchable. Je n'avais guère de moyens à ma disposition pour l'atteindre. Mais il fallait qu'à la fin de l'envoi… je touche*).

Septembre - Paris - Et pour quelques statuettes

Malgré tous les chefs d'inculpation dont on m'a chargée, j'ai pris en toute conscience la mesure des risques de ma démarche. Je vais être mise en examen une nouvelle fois dans un dossier déjà bien lourd et inculpée pour un nouveau fait : abus de biens sociaux pour avoir offert un cadeau au ministre en exercice, avec l'argent d'Elf. Au point où j'en suis d'accumulation de chefs d'inculpation, un de plus ou un de moins…
Je me sais, et ce, depuis le tout début de cette affaire, condamnée irrémédiablement.
(*Je ne m'étais pas trompée*).

Année 2000

Mars - Paris - Crève-cœur

Sous la pression de l'opinion publique, Roland se voit contraint de démissionner du Conseil constitutionnel. Crève-cœur pour lui? Pour moi aussi. Mais il le mérite et je ne regrette rien. Je sais qu'il m'en veut terriblement parce qu'il se cache la vraie raison de ma démarche, parce qu'il m'a sous-estimée et n'a probablement pas imaginé (et il n'est pas le seul) qu'une femme trahie peut devenir dangereuse.
Nous sommes sans doute à égalité dans le ressentiment. Mes actes ne sont pas, contrairement à lui, motivés par la lâcheté.
Et on peut encore aimer en dégainant.

Avril - Paris - Où sont les sous ?

Un événement me taraude. Roland, sous la pression de l'opinion publique et de la Justice, a quitté le Conseil constitutionnel pour une paire de chaussures Berlutti et quelques statuettes grecques tandis que huit milliards de francs ont disparu dans la nuit brune. Où sont-ils, bon sang !

Juin - Paris - Le meilleur

« Nous n'aurons connu que le meilleur. Notre histoire aura été magnifiée par ces moments d'histoire vécus ensemble qui auront contribué à sublimer l'amour. Rien ne l'aura entachée. Il faut que tu saches aussi que tout ce que j'ai accompli pendant cette période à la tête de la diplomatie française, c'est en pensant à toi. Je me disais : il faut que Christine soit fière de moi. » disait-il…

Année 2001

Janvier - Paris - J'ai peur

La date du procès approche. La peur m'étreint. Depuis cinq ans ma vie a basculé et je me débats plus ou moins seule dans cet imbroglio judiciaire. Mes journées s'écoulent comme dans un cauchemar. Mes seules obsessions et occupations sont de sauver ma peau. Je vais, la trouille au ventre, pénétrer pour la première fois de ma vie dans une salle d'audience. Peur d'une Justice arbitraire, dont depuis près de quatre ans je ressens, écorchée vive, le peu de fiabilité.

Tout est manipulé et joué d'avance, quoique nous fassions mon avocate et moi pour assurer ma défense. Il faut protéger les puissants et la République avant tout ! Nous savons déjà depuis des mois que la relaxe de Dumas est acquise. Le procès n'est qu'une

mascarade au cœur de laquelle je ne pèse pas lourd. J'ai peur de ces plumitifs des prétoires, avides, le stylo bavant, aux ordres. Et à cette angoisse s'ajoute le fait que je vais devoir retrouver Roland. Côte à côte, comme deux voleurs de droit commun, pitoyables, sur le banc des accusés… Accusés de quoi au fait ? (*Lui sera blanchi. Et moi, condamnée lourdement.*)
Il faut un coupable pour ne pas discréditer une tapageuse, lourde et coûteuse instruction qui s'est étalée sur plusieurs années. (*Le fait d'une magistrate indigne à qui la France continue, je ne sais pourquoi de tresser des lauriers… en cinémascope.*)
Et pourtant… Au vu des avancées de l'instruction sur l'affaire des frégates... un peu de bon sens suffirait.

Je crains tellement de le revoir dans ce contexte. Je suis mal, mais aussi pour lui. La qualité de cet homme, son parcours, ses fonctions, tout ce qu'il a représenté pendant dix ans à mes yeux, va être traîné dans la boue.

Janvier - Procès - Paris - Les amants maudits de la République

J'avais raison, ce procès n'est qu'un navrant déballage de notre vie privée. Dossiers montés et bâtis sur du vent, sur de vagues histoires d'alcôve, sur notre histoire d'amour, enlaidie et salie. Tout ce qui m'est

reproché « ne vaut preuve de faute » qu'à travers ma liaison avec lui.
« Les amants maudits de la République » font la une.
C'est le retour des tribunaux révolutionnaires. La Place de Grève n'est pas loin.
Par chance, deux siècles ont passé. Nous aurions eu la tête tranchée !
Le couperet de la guillotine aujourd'hui est plus discret mais tout aussi efficace. *(J'en fais les frais.)*

Roland est arrivé dans le grand escalier de pierre du Palais de justice, une légion de journalistes s'est précipitée, flashes d'une armada de photographes, il était encadré de ses deux gardes du corps.
Il entre dans l'arène, il s'appuie sur une canne et claudique un peu. Je ne l'ai croisé qu'une fois depuis le début de l'affaire, c'était il y a un an dans le bureau des magistrates, pour une confrontation.
Je ne l'avais pas regardé.
De novembre 1997 à ce jour de janvier 2001, je ne l'ai ni approché, ni vu, ni salué. Il paraît moins grand, plus voûté. Il s'approche pour prendre place aux premiers rangs, aux bancs de l'infamie que j'ai déjà rejoints. Il salue ses confrères, il me semble que tout le barreau parisien s'est donné rendez-vous. On se presse autour de lui pour lui serrer la main, ballet de robes noires à hermine, pour la première fois il ne porte pas la sienne. Il fait un signe de tête à mon avocate.

De loin, je le regarde, lui ne cherche pas mon regard. Ses cheveux ont blanchi, plus courts. Mon cœur se serre. C'est un vieux monsieur fatigué qui, lentement mais avec dignité, prend place, appuyé sur sa canne. Il choisit la rangée, de l'autre côté de l'allée, la plus éloignée de moi. Je le fixe toujours. Il le sent et finit à contrecœur par se retourner. Nos regards ne font que se croiser. Il méprise mon signe de tête. J'aimerais croire que sa myopie s'est aggravée. Mais je sais bien qu'il reste plus que jamais fidèle à une stratégie : ignorer « la maîtresse parmi tant d'autres », devant cette cour.
Les journalistes s'accrochent à leurs stylos, plus intéressés par les retrouvailles des deux amants, que par la teneur et le fond du dossier.
(*Il en sera ainsi à chaque audience, jusqu'au bout.*)

À leur tour, juges et procureur prennent place et on dévide le chapelet des « faits qui nous sont reprochés »… Je n'en peux plus d'entendre les mêmes mots, phrases, reproches, mensonges, contre-vérités, assénés depuis toutes ces années et qui sont devenus mon quotidien et mon cauchemar. Ils distillent dans mon cœur un poison qui me torture. Des mots et des phrases, des articles de loi, des sentences brandies avec antipathie et méchanceté, qui me terrifient, me glacent, m'anéantissent. Incroyable, toute cette animosité, cet acharnement à détruire, de la part d'un tribunal de femmes et d'avocats de la partie civile.

Des gens que je ne connais pas, à qui je n'ai rien fait, n'exercent pas leur fonction dans l'équité et la sérénité, mais suent la haine. Les faits qui me sont reprochés ne reposent vraiment sur aucune preuve. Je ne sais toujours pas pourquoi je suis là, ce que l'on nous veut, ce que l'on me reproche depuis toutes ces années, et pourquoi ça n'en finit jamais de finir et de rebondir. C'est comme un gouffre aux parois lisses qui me happe et m'engloutit.
Alors je détourne la tête, des yeux je cherche à travers les hautes fenêtres un coin de ciel.
Il est bleu…
Le ciel bleu, ça aide.
Les voix se brouillent et raisonnent, c'est comme un lointain fond sonore.
Je m'échappe.
Pour ne plus entendre ce fatras de mots vides qui n'a d'autre but qu'insulter, martyriser.
La présence de Roland, non loin de moi, me trouble. J'ai encore ce souvenir d'amour en moi. D'amour transformé en rancœur, amertume et hostilité.
Nous n'avons pas su nous défendre.
Nous leur avons donné raison, en ne faisant pas front.
Il a donné le ton.

Ici, on ne fait pas de sentiment. Ici, on ne parle pas d'aimer. Pour nous, l'amour est devenu un délit passible de pénal et de prison. C'est sale. Il n'y a pas si longtemps, je marchais auprès de lui. À ses côtés.

Et tout était comme ce ciel sans tâche, que je regarde au travers des fenêtres.
Des images me reviennent… Ce n'est pas si loin.
(*Il m'a été reproché, dans une pluie d'injures et d'insanités, de « m'être allongée sous un vieillard ». Rien ne nous aura été épargné… C'est vrai que vingt-sept ans nous séparaient, il avait quand je l'ai rencontré soixante -sept ans et j'en avais quarante mais beaucoup d'hommes, plus jeunes que lui, auraient eu tout à lui envier, et dans tous les domaines! Depuis que je l'ai perdu, rares sont ceux qui m'ont séduite ou comblée. De pâles copies auxquelles il manque toujours une étincelle. Un infini désert d'un pâle ennui. Des « criquets », comme il les appelait…*)

On a creusé un abîme entre nous, il nous sépare désormais. Roland Dumas leur a donné les armes. On a fait de nous des chiens de combat dressés l'un contre l'autre, menés dans l'arène. Les paris sont ouverts.
Qui tuera l'autre ?
Le bonheur a un prix, dit-on ? Alors j'ai dû être une femme comblée.
La salle d'audience est noire de monde. On s'y presse pour savourer en direct une mise à mort, se repaître de détails intimes et croustillants. Car ce grand procès d'État, ce fameux scandale du siècle ne parle là que d'une liaison amoureuse, afin de mieux occulter le véritable scandale des frégates à Taïwan, un scandale qui baigne dans la corruption et le meurtre.

Mes fils et ma mère se tiennent dans la salle quelque part. Je sens posés sur moi leurs regards qui me donnent de la force.
Pour eux au moins je tiendrai le coup.
En première instance chacun de nous deux est resté fidèle à sa stratégie de défense.

À la fin de cette première audience, il n'a pas un seul regard pour moi. Nous nous levons. Il s'engage le premier dans l'allée embouteillée. Je marche doucement derrière lui, en essayant de me frayer un passage. Je le vois alors, embrasser mes fils. Puis se diriger vers ma mère, très émue malgré tous les griefs et rancœurs qu'elle a aussi accumulés contre lui. Comme si tout à coup plus rien n'existait. Plus d'affaires, de tribunal, de juges, de journalistes avides de scoops, plus de procureur, là, qui les regarde et n'en perd pas une miette, en ramassant ses dossiers. Il prend dans ses bras avec beaucoup d'affection celle qu'il considérait comme sa sœur… Il lui dit tout bas à l'oreille :
- « Oh, Paulette, comme on était bien devant notre feu de cheminée de Saint Chaubrand, dans votre maison… vous vous rappelez ? »
(*Le lendemain, le procureur lui reprochera avec violence d'avoir embrassé la « belle-mère ».*
Choquée, ma mère, toujours présente dans la salle d'audience, se lèvera de son banc et explosera :
- « Pourquoi ? Cela aussi est devenu pénal ? »)

CE QUI N'EST PAS DANS LE JOURNAL

Les journées se sont succédées jusqu'au terme de ce procès, sans surprise. Tristes et pitoyables. Lamentable jeu de dupes, de cartes truquées.
Roland continua de m'ignorer, le regard fixé devant lui, appuyé sur sa canne, immobile…
J'en pris mon parti et fis de même. Un jour, j'aperçus la Rouquine, rasant les murs au fond de la salle. Je m'empressai de tourner le dos, la fuir.
J'avais ma dose d'hypocrisie et de visages inamicaux autour de moi.
Peu à peu, il me fut facile d'ignorer Roland. Sa présence, au bout de ce banc, ne me pesait plus. C'était comme s'il n'existait plus.
Celui que j'avais tant aimé était bien mort.

Alfred Sirven finit par rentrer des Philippines. Je pus lui serrer la main. Il confirma mon travail chez Elf et le loua.
Dumas à son tour le reconnut… enfin.
Il fallait voir alors la mine déconfite de ce tribunal, du procureur et de la partie civile Elf… quand des voix s'élevèrent dans la salle pour demander ce que l'on faisait tous là.
Dans le fond, y avait-il toujours une affaire…!
Les juges embarrassés tentaient maladroitement d'esquiver avec soin l'affaire des frégates de Taïwan!
J'ai demandé à Sirven, dans un couloir, pourquoi il

ne faisait rien du fond de sa cellule de la Santé, pour sauver sa peau. Il avait des armes, je le savais.
Il m'a répondu à voix basse dans l'oreille une phrase cinglante :
- « Et toi, imbécile… tu as parlé… et ça t'a apporté quoi ? »
Il est décédé aujourd'hui. Un mort de plus dans la trop longue liste des « disparus ».

Un an et demi plus tard a eu lieu le procès en appel. Roland Dumas vieillissait, fatiguait. À la barre du tribunal il reconnut une nouvelle fois la réalité de mon travail. Il avoua, à ma grande surprise, qu'il m'avait profondément aimée.
Contre l'avis de ma défense, je n'ai pu m'empêcher, oubliant tous mes griefs et ma rancune, de lui tendre la main. J'ai, pour la première fois devant un tribunal, pris sa défense. J'ai avoué avec quel acharnement la juge Eva Joly m'avait suppliée de lui « donner Roland Dumas » en me garantissant la clémence.
Les statuettes et les chaussures, j'ai fini par les lui abandonner afin qu'elle cesse de me torturer.
En coulisses, on n'attendait plus que ça pour relaxer notre grand homme.
Quand j'ai fini ma déclaration à la barre de ce tribunal, il s'est retourné et a plongé ses yeux dans les miens.
Un court instant.
Soulagé et reconnaissant.

Et moi j'ai pris les coups : dix-huit mois de prison ferme. Mon entourage était décomposé et n'a rien compris.
- « Tu as aidé à le sortir, tu es folle ! Dumas ne méritait pas un tel geste ! »

Je ne saurais expliquer comment dans certaines circonstances, on ne réfléchit plus. Je n'en pouvais plus de voir cet homme traîné dans la boue pour satisfaire quelques chiens galeux… et cacher des scandales.
Si l'on avait des choses à reprocher à Dumas, comme à tant d'autres hommes politiques, c'était ailleurs qu'il fallait chercher.
La coupe était pleine.
Ce n'était plus de Justice qu'il s'agissait, mais d'odieux règlements de compte. C'est ce qu'il fallait démontrer, même si une fois de plus j'allais en faire les frais.
Nous, femmes, gardons éternellement une place dans notre mémoire et notre cœur pour ceux que l'on a passionnément aimés… notre faiblesse… ou notre fierté.

Roland Dumas fut relaxé au nom des faits mêmes qui m'inculpaient. Dans l'enceinte du tribunal, il poussa un soupir de soulagement et tomba dans les bras de ses enfants. On me condamnait lourdement. Il n'eut plus un regard vers moi.

J'ai entendu et lu plus tard, que, compte tenu de mes modestes origines, j'avais commis une grave erreur.

J'avais aimé dans une autre cour que la mienne. Message à la « France d'en bas »...

Deux mois plus tard, Roland Dumas faisait paraître un livre sur cette affaire. Il y parlait de sa souffrance, un chapitre m'était consacré, à moi et à toute ma famille. Un amas de mensonges, de coups de griffes, de méchancetés gratuites, peu dignes de lui.

Ma mère n'était pas épargnée. Elle pleura beaucoup. Mes enfants, eux, n'ont pas compris.

Je ne pus m'empêcher de lui envoyer un mot, le dernier, rédigé sur des pages déchirées de son livre, qui se terminait ainsi :

« Si vous deviez disparaître avant moi, je ne veux pas manquer de vous transmettre cet ultime message devant l'éternité : vous qui avez toute votre vie « dealé » avec le Diable, que Dieu vous prenne en pitié... »